AF302801

Ulrike Dietmann

ICH.
KANN.
DAS.

DEINE HELDENREISE
in den unaufhaltsamen Erfolg mit Tieren
als Quelle der Inspiration

© 2024 Ulrike Dietmann, www.ulrikedietmann.de

Verlag: spiritbooks · www.spiritbooks.de · Mansfield Height Lot 73, Ocho Rios, Jamaica

Satz u. Layout/E-Book: Büchermacherei · Gabi Schmid · buechermacherei.de

Covergestaltung: OOOGrafik · www.ooografik.de

Illustrationen/Grafiken: #106615778, #365369886, # 844737039 | AdobeStock

Druck und Distribution im Auftrag des Verlags:
tredition GmbH, Heinz-Beusen-Stieg 5, 22926 Ahrensburg

Softcover: 978-3-946435-23-5

Hardcover: 978-3-946435-32-7

EBook: 978-3-946435-24-2

Die im Buch erzählten Geschichten basieren auf realen Erlebnissen. Die Namen der Personen und Pferde und einige andere Kennzeichen wurden jedoch zum Schutz der Persönlichkeit verändert.

11 Schritte

Der 1. Schritt: Wer bin ich?

Der 2. Schritt

Der 3. Schritt: Die Blockade

Der 4. Schritt: Das Ziel

Der 5. Schritt: Die Verbindung

Der 6. Schritt: Das Herz der Kreatur

Der 7. Schritt: Die Zerreissprobe

Der 8. Schritt: Scheitern

Der 9. Schritt: Transformation

Der 10. Schritt: Der Schatz

DER 11. SCHRITT: DER WEITE BLICK

Der Baum hört nicht auf zu wachsen, weil
er Angst hat, dass kein Regen kommt
oder dass sein Ast zerknicken könnte
im Sturm.

11 Schritte, die dir zeigen, wie du deine größte Angst in deine größte Freude verwandeln kannst.

Die Heldenreise ist ein Jahrtausende altes Modell des Geschichtenerzählens und des persönlichen Wachstums. Sie wurde von dem US-Amerikaner Joseph Campbell in eine kompakte Struktur gebracht. Ich habe sie von Joseph Campbells Schülern Keith Cunningham und John Schlesinger gelernt. In diesem Buch lernst du meine Version aus 11 Schritten kennen, die ich seit 20 Jahren erfolgreich unterrichte und in der ich über 100 Hero's Journey Instruktoren ausgebildet habe.

Das Faszinierende an der Heldenreise ist, dass wir sie eigentlich gut kennen. Wir sind umgeben von Heldenreisen. Jeder Film, jeder Roman, jede Bibelgeschichte enthält eine Heldenreise. Es ist uns nur nicht bewusst. Als Autorin von mehr als zwanzig Romanen, als Schreibcoach von unzähligen Geschichten und in den 15 Jahren als Coach in der Persönlichkeitsentwicklung, basierend auf der Heldenreise, habe ich die Heldenreise in immer neuen Varianten kennengelernt. In diesem Buch nehme ich dich mit ins Innere der Reise.

Was du zuvor unbewusst schon kanntest, wird vom Licht deines Bewusst-
seins erhellt werden.

12

Es geht los

Ich stehe in einer Stierkampfarena auf einer Farm in Spanien, neben mir ein unbeschreiblich schöner Hengst namens Espartaco. Auf deutsch heißt das Spartacus.

Ich bin eine zierliche Frau, Mutter von zwei erwachsenen Kindern, komme aus einer süddeutschen Kleinstadt, bin Autorin. Ich bin nicht besonders sportlich, aber ich kann Energie lesen. Ich muss kein Gladiator sein, um das Vertrauen von Espartaco zu gewinnen. Denn dem Pferd ist es egal, wie groß oder klein oder bemuskelt ich bin. Es liest meine Energie.

Und ich lese seine. Dadurch wird alles ganz ruhig.

Die Luft ist staubig, es riecht nach Prärie. Über mir leuchtet ein strahlend blauer Ozean.

Und in mir explodiert etwas.

In meiner Erinnerung flackern Ranches auf, die ich besucht habe. Wyoming, Montana, Colorado. Meine Seele war dort zu Hause, wie hier auf dem Gestüt La Perla. Der Unterschied: La Perla ist nicht bevölkert von Cowboys. Ich stehe nicht am Rand eines Round Pens, ich bewundere nicht einen Mann mit einem Stetson, der im Round Pen steht und einen Mustang zähmt.

Ich stehe selbst im Round Pen.

Ich glaube nicht länger, dass ich taff sein muss und den Staub kicken, damit ein Pferd wie Spartacus mir vertraut.

Ich weiß, dass es auch anders geht.

Sanft statt taff.

Fein statt grob.

Leise statt laut.

Liebe statt Schmerz.

Ich kann das.

Es ist ein Moment, in dem sich eine sehr lange, sehr alte Geschichte in mir
dreht. Das ist die Explosion, die gerade passiert.

Eine Frau und Spartacus.
Ich und Espartaco.
Nicht nur eine Frau.
Das ganze Gestüt La Perla ist in der Hand von Frauen.
La Perla wird geführt von einer Frau. Leonie Bühlmann. Ihr gehören die
Pferde von La Perla, darunter 10 Hengste, alle so brillant wie Espartaco.

Wir können das.

Am Abend unterhalte ich mich bei einem Bier mit Leonie.
Leonie ist Schweizerin. Sie ist nicht auf einem Gestüt in Spanien aufgewachsen.
Sie hat nicht von klein auf gelernt, wie man Pferde züchtet, und sie ist auch
keine reiche Erbin. Trotzdem besitzt sie 140 der edelsten Pferde der Welt
und züchtet mit ihnen.

Sie kann das.

Menschen, die einem starken Ruf folgen haben etwas Unwiderstehliches.

Selbst einem starken Ruf zu folgen ist noch unwiderstehlicher. Es ist viel
unwiderstehlicher als andere zu bewundern, die es tun.

Darum geht es in diesem Buch. Dass du deinen Ruf findest und ihn lebst.
Unwiderstehlich.

Einen Ruf finden, der in deinem Körper vibriert, der jeden deiner Gedanken
durchdringt und weich macht, der jeden deiner Schritte lenkt. Das ist etwas
Unwiderstehliches.

Egal, ob du Straßenhunde rettest, mit Aktien handelst oder einer Familie ein zu Hause schenkst, wenn es dich ruhig macht und unbeugsam – dann hast deinen Ruf gefunden.

Es spielt keine Rolle, was dein Ruf ist. Wichtig ist nur, dass du ihn lebst. Wir Menschen haben die Fähigkeit, das zu leben, was wir uns wünschen. Nicht nur das: Wenn wir es nicht leben, bezahlen wir einen Preis.

Letzte Woche habe ich in einer Kirche in Jamaika diesen Satz gehört:

> *„Wenn du deine von Gott geschenkten Gaben nicht nutzt, wird Gott sich bei dir melden.“*

Wie du deinen Ruf findest, zeigt dir dieses Buch.
Wenn du ihn schon gefunden hast, zeigt dir dieses Buch, wie du ihn lebst.

Es zeigt dir, wie du Realitäten erschaffen kannst, die bis dahin unvorstellbar waren. Wie du Lösungen finden kannst für Probleme, die unlösbar erschienen und wie du Heilung finden kannst für scheinbar Unheilbares.

Es weckt in dir die wichtigste Fähigkeit, die wir Menschen haben.

Du kannst lieben.

Du kannst das.

Das ist das Geheimnis des sanften und unaufhaltsamem Erfolgs.

In diesem Buch lernst du, wie die Fähigkeit zu lieben und die Fähigkeit, deine Träume zu verwirklichen, zusammen kommen.

In diesem Buch lernst du, wie das, was du wirklich bist, das, was du am besten kannst, hervorbringt.

Heute Morgen war ich mit einer Gruppe Frauen in der Herde der Stuten und Fohlen von La Perla. Sabrina entdeckte ein verletztes Pferd. Wir riefen nach Leonie, um sie zu informieren. Aber Leonie hatte das längst gesehen, hatte inzwischen den Tierarzt verständigt und einen Weg gesucht, wie sie die Stute von der Weide in den Hof bringen konnte, um die Wunde zu versorgen.

Leonie sagte mir später am Küchentisch: „Wenn ich in die Herde gehe, spüre ich intuitiv, wenn es einem Pferd nicht gut geht." Ich dachte, 140 Pferde und sie spürt jedes Pferd. Unvorstellbar. Leonie sagte, „Ich wünschte, ich könnte anderen vermitteln, was das für ein Gefühl ist."

Leonie kann 140 Pferde spüren.

Sie kann das, weil sie liebt. Weil sie so klar darin ist, was für sie das Wichtigste ist: das Wohlsein ihrer Pferde.

Ungewöhnliche Fähigkeiten entstehen aus einem ungewöhnlichen Ruf. Ein ungewöhnlicher Ruf entsteht aus großer Liebe.

Wir können das. Bedingungslos lieben.

Alle Lebewesen lieben. Das durfte ich durch meine Arbeit mit Pferden und vielen anderen Tieren erfahren.

Tiere lieben bedingungslos. Wir Menschen können es von ihnen lernen.

Bedingungslose Liebe ist die Medizin gegen den Lärm der Welt, der uns taub macht. Gegen den Burnout, der uns unaufhaltsam verbrennt, gegen die Depression, die uns einfriert.

Bedingungslose Liebe ist die Medizin gegen die Härte, die uns krank macht.

Bedingungslose Liebe ist das Größte, das wir auf der Erde erleben können – und es ist das Schwierigste.
Bedingungslose Liebe bringt das Beste in uns zum Vorschein.
Sie verlangt unbeschreiblichen Mut von uns und unerschütterliches Kommitment.
Dann können wir 140 Pferde gleichzeitig fühlen.

Erfolg kommt, wenn ich etwas meisterhaft gut kann, weil ich es liebe.

Erfolg ist eine Heldenreise. Wenn ich den Erfolgsweg nehme, werde ich eine Heldenreise erleben. Denn nur so wachse ich über mich hinaus.

Ein Held ist jemand, der den Mut hat, Angst zu fühlen und sie in Kraft zu verwanden.

Seit über 20 Jahren unterrichte ich die Heldenreise. Und ich lebe sie.

Ich reise an wunderschöne Orte. Ich schreibe. Ich rede. Ich coache. Ich unterrichte. Ich liebe. Ich glaube. Ich baue. Ich bin still.

In diesem Buch möchte ich dich mitnehmen auf deine Heldenreise.

„Bei Ulrike lernt man nicht, bei Ulrike erfährt man,‟ schrieb gestern Susanne Gerhard.

Ich möchte dich mitnehmen in deine Erfahrung.

Bevor die Reise jetzt losgeht, musst du noch das Eine wissen.

Es ist eine Reise ohne Umkehr.

Wenn du sie machst, wirst du eine andere sein.

Die Reise wird dich mehr Mut kosten, als du bislang hast.

Du wirst oft an den Punkt kommen, wo du sagst: Ich kann nicht mehr.

Und ich hoffe nur, dass du dann nicht aufgibst.

Gute Reise
Deine Ulrike

„Der höchste Grad der
Arznei ist die Liebe.“

Paracelsus

Der 1. Schritt
Schritt

Wer bin ich?

1 · Es ist so anstrengend, Angst zu haben

Ich kann das.

Beim ersten Schritt der Heldenreise geht es um das „Ich". Das erste Wort aus den drei Wörtern „Ich kann das„.

ICH. Kann das.

Ich bin immer ein bisschen gehemmt, wenn ich einen Satz mit Ich anfange. Ich habe Jahrzehnte meines Lebens verbracht unter der Überschrift: „Ich bin nicht wichtig." Und so geht es vielen Menschen, denen ich als Coach begegne.

Ein Tier käme nie auf die Idee, sich selbst nicht wichtig zu nehmen. Nur so kann es überleben. Menschen verstecken ihre Wichtigkeit voreinander, sie unterdrücken ihre Impulse, passen sich an und vergessen sich selbst dabei. Um geliebt zu werden, um dazu zu gehören.

Um meine Wichtigkeit zu verstecken, muss ich mir viele Kleider anziehen und Floskeln einüben. Ich muss das Paradies verlassen. Ich wünsche mir, ich könnte wieder nackt zurück in den Garten Eden.

An den Ort, an dem ich einfach ich selbst bin. Nicht wichtig, aber auch nicht unwichtig.

Wir dürfen wichtig sein. Für uns selbst. Damit wir wir selbst sein können. Damit wir nicht mehr dieses heimliche Bedürfnis nach wichtig sein haben, das uns so manipulierbar macht.

Ich finde die Persönlichkeitsentwicklung so spannend, weil ich dabei, als Coach, so oft erleben kann, wie sich jemand von einem versteckten, unsichtbaren, grauen, schwermütigen, lustlosen, energielosen, gelangweilten, geplagten, frustrierten, ausgebrannten, ungeliebten, unerfüllten, hoffnungslos sehnsüchtigen, eiskalten, selbstkritischen, superkontrollierten Ich mit der Überschrift „Ich bin nicht wichtig„, verwandelt in ein „Ich bin mir selbst wichtig. Ich bin einfach ich.“

Ich bin einfach ich.

Ich hätte es wohl nie gelernt, wenn ich nicht angefangen hätte, mit Pferden zu arbeiten.

Ich erzähle dir hier viel von Pferden, aber ich könnte dir auch vom Häkeln, vom Kinder kriegen, vom Unkraut jäten oder davon erzählen, wie man eine Million Dollar verdient. Worüber ich hier schreibe gilt für alles, worin wir eine Fähigkeit entwickeln.

Ich erzähle dir von Pferden, weil sie meine Lehrer waren und sind. Weil sie schön sind und weil man mit ihnen ein großes „Ich bin wichtig“ und ein großes „Ich bin ich“ erleben kann.

Damit du dir das „Ich bin wichtig“ besser vorstellen kannst, möchte ich dir von Maxim erzählen, dem König der Pferde. Das „Ich bin wichtig“, das ich von Maxim gelernt habe, war ganz anders als das, was ich mir unter „Ich bin wichtig“ bisher vorgestellt hatte. Es war eine große Lektion im „Ich bin ich.“

Maxim, der König der Pferde

Maxim ist ein riesiges schwarzes Pferd. Für Pferdekenner: Maxim ist ein Friese. Das ist eine Rasse, die ursprünglich in Holland gezüchtet wurde und die sehr beliebt wurde auf der ganzen Welt. Pferde mit tiefschwarzem Fell, wie man sie in Historienfilmen sieht, wo edle Ritter auf ihnen in den Burghof einreiten oder an Rapunzels Turm vorbei galoppieren. Pferde mit langen schwarzen Mähnen, fransigen Haarbüscheln über den Hufen und einem Schädel, so groß wie ein Dinosaurier.
Friesen haben eine unwiderstehliche, mystische Aura, so mystisch, dass man sich in ihrer Gegenwart wie in einer Fantasy-Welt fühlt.

Als ich Maxim zum ersten Mal begegnete, fühlte ich mich, als wäre ich aus Versehen in die Audienz eines Königs geraten. Ich war so eingeschüchtert, dass ich kaum atmen konnte. Ich wollte in die Knie gehen und den Kopf senken. Aber ich blieb nur stumm stehen.
Ich war überwältigt von der Stille, die von ihm ausging und von seinem unendlich weichen Blick.
Dieser König herrschte nicht mit Kraft und Dominanz, sondern mit Stille und Liebe.

Wie sollte ich eine solche Größe erwidern? Die Aufgabe war, Maxim zu longieren, das heißt im Kreis zu bewegen.

Ich kann das nicht.
Sagte eine Stimme in meinem Inneren.

Was tue ich, wenn ich einem Gegenüber von wahrer Größe begegne, fragte ich mich?
In dem Moment kam eine unangenehme Wahrheit über mich zum Vorschein. Ich verfiel in Aktionismus. Ich suchte nach Kontrolle.

Ich wollte den König zu einem Pferd machen wie jedes andere.

Ich griff nach der Longier-Peitsche, um ihn im Kreis um mich herum laufen zu lassen und mir selbst zu beweisen, dass ich ihn – und mich, im Griff hatte.

Ich schwang die Peitsche, aber der König zuckte nicht einmal mit der Wimper.

Ich begann, mich noch wichtiger zu machen. Ich tanzte wie ein Rumpelstilzchen vor dem erhabenen König herum, fuchtelte wild mit der Peitsche. Maxim rührte das nicht. Sein Blick war immer noch liebevoll und gütig, und er war immer noch auf mich gerichtet.
Er war nicht irritiert, er war nicht sauer. Er fühlte sich nicht herabgesetzt. Er nannte mich nicht eine Versagerin, oder gab mir das Gefühl, dass ich lächerlich war. Er sah mich einfach nur an, liebend und still.
Ich fühlte mich elend.

Ich schreibe dir hier eine Auswahl meiner Gedanken und Gefühle auf. Vielleicht erkennst du manche wieder, auch wenn du nichts mit Pferden zu tun hast.

- Hey, ich lasse mich nicht einschüchtern.
- Maxim hat ein Problem, nicht ich.
- Ich habe alles richtig gemacht.
- Ich bin schon mit ganz anderen Situationen fertig geworden.
- Ich könnte ja jemanden um Rat fragen, aber ich hasse es, Ratschläge von anderen zu bekommen, und sie wirken bei mir sowieso nicht.
- Ich bin eine komplette Versagerin und ein Antitalent.
- Ich muss mein Leben ändern.
- Wieso schaut mich dieses Pferd so liebevoll an, wenn ich so eine Versagerin bin?
- Ich bin erbärmlich. Ich werde jetzt einfach gehen.
- Das ist mir alles einfach zu blöd.
- Ich habe das nicht nötig.

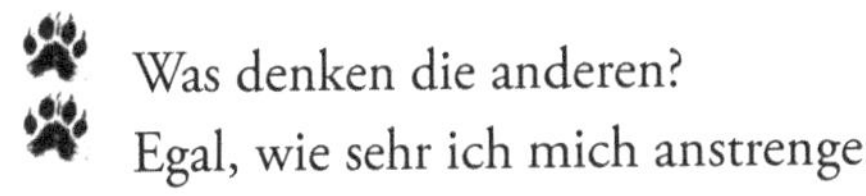 Was denken die anderen?
Egal, wie sehr ich mich anstrenge:

Ich kann es einfach nicht.

Dann wurde mir ganz kalt. Ich legte die Peitsche beiseite und lehnte mich an die Holzwand des Roundpens.
Ich gab auf.
Ich fühlte, wie alle Anstrengung von mir abfiel und eine große Müdigkeit über mich kam. Nicht nur die Müdigkeit des Augenblicks, sondern die meines ganzen Lebens schien nur auf diesen Augenblick gewartet zu haben, um mich unter sich zu begraben. Die unendlich vielen Versuche, es richtig zu machen, es hin zu bekommen, nicht aufzugeben. Ich fühlte die Angst, die mich antrieb, die Angst, Fehler zu machen, die Angst zu scheitern. Ich fühlte, wie viel Kraft es mich kostete, dauernd gegen sie anzukämpfen. Ich fiel in mich zusammen.

In dem Moment kam Maxim auf mich zu. Mit sanften Schritten. Er blieb vor mir stehen, senkte seinen riesigen Schädel auf mein Herz und berührte mich mit seinem Maul.

Der König liebte mich.

Mich?

Es war eine Begegnung, die mein Leben veränderte.
In der etwas Grundsätzliches bei mir ankam.

Alles in meinem Leben, jede Begegnung, alles Wollen und Handeln beginnt mit mir. Nicht mit dem, was ich kann. Maxim sah *mich*, nicht meine Longiertechnik. Ich war ihm wichtig. Egal, wie stark oder schwach ich war.

Konnte es sein, dass das die Antwort auf meine Frage nach dem Erfolg war? Dass der Erfolg mit mir begann und erst dann mit dem, was ich konnte?

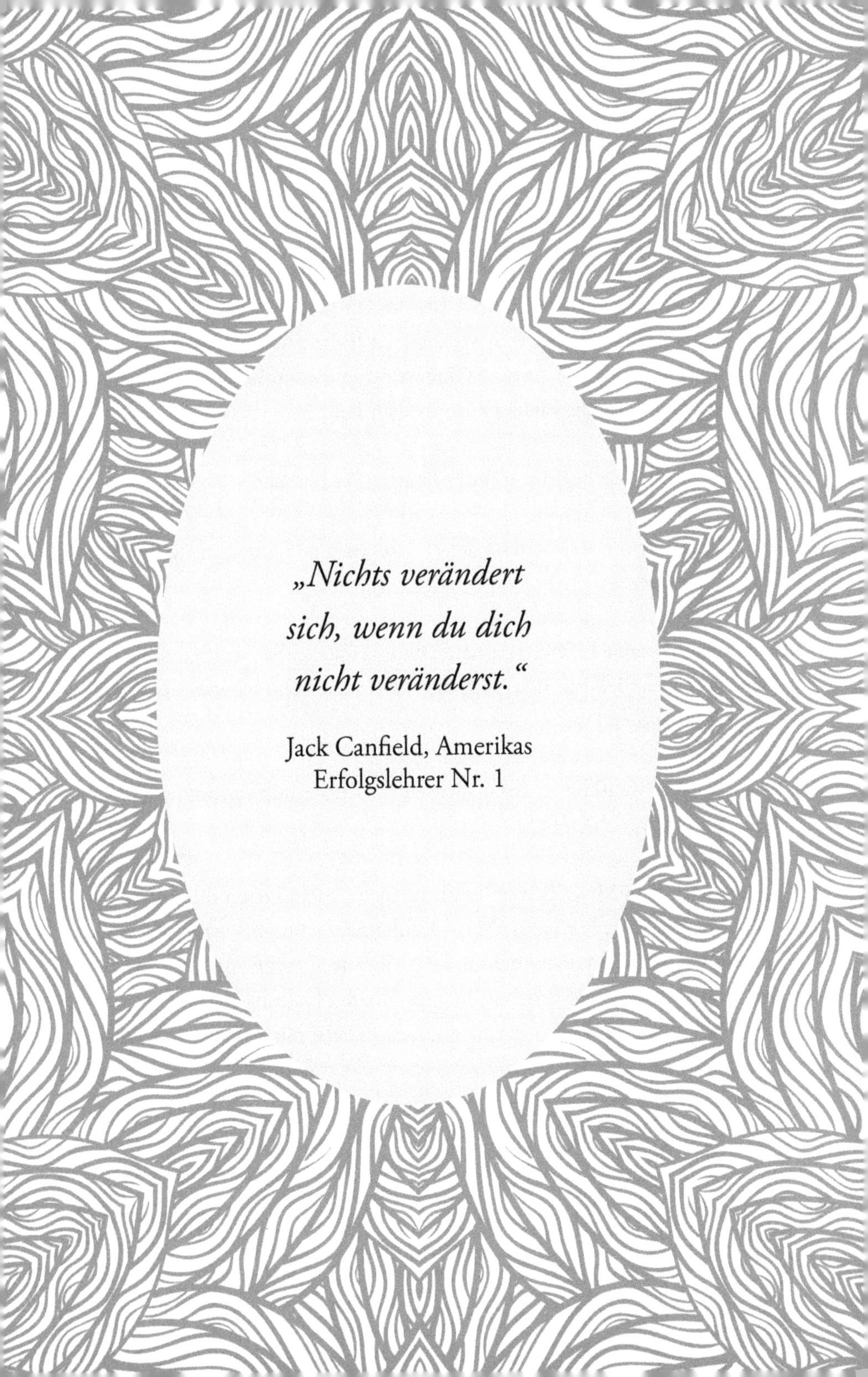

„Nichts verändert
sich, wenn du dich
nicht veränderst.“

Jack Canfield, Amerikas
Erfolgslehrer Nr. 1

2 · SCHNELLER ANKOMMEN, SCHNELLER VERBRENNEN

Ich habe die Frage, die ich durch Maxim kennen gelernt habe, viele Jahre lang erforscht. Die Frage, was wichtiger ist für meinen Erfolg: Was ich bin oder was ich kann. Die Antwort findest du in diesem Buch. Es ist zugleich die erste Frage, die die Heldenreise an dich stellt.

Deine Heldenreise beginnt mit der Frage „Wer bin ich?"

Jeder Film beginnt damit, dass der Zuschauer die Hauptfigur kennenlernt. Wer ist sie oder er?

Der unaufhaltsame Erfolg, das unaufhaltsame Glück, die unaufhaltsame Liebe kommen, wenn ich mit dem „Ich bin" beginne. Wenn ich mein Leben von innen nach außen lebe.

Die meisten Menschen wissen nicht, dass Erfolg nur so möglich ist. Ich wusste es auch nicht.

Wie die meisten Menschen habe ich versucht, mein Leben durch Handeln zu verändern. Das hat einige Veränderung gebracht, aber ich hatte immer das Gefühl, da steckt noch mehr in mir. Mir war nicht bewusst, dass das, was im Außen passiert, ein Ergebnis meiner inneren Haltung ist.
Ich veränderte mein Verhalten anstatt meiner Persönlichkeit, meine Umwelt anstatt meine Innenwelt, ich veränderte meinen Freundeskreis anstatt mir selbst ein guter Freund zu sein.

Wir tun das, weil wir sichtbare, greifbare Ergebnisse wollen. So schnell wie möglich. Wenn ich meine Persönlichkeit verändere, sind die Ergebnisse nicht unbedingt gleich sichtbar. Ich lerne sie erst nach und nach zu sehen.

Wenn man in der westlichen, industrialisierten, leistungsorientierten Zivilisation aufgewachsen ist, wie ich, kann man in der Regel nicht wahrnehmen, wie das „Ich bin“ das „Ich kann“ hervorbringt. Obwohl wir es oft erleben. Zum Beispiel, wenn jemand verliebt ist, kommt oft auch geschäftlicher Erfolg. Oder wenn jemand eine Scheidung erlebt, leidet oft auch die Arbeit.

Alle unsere Lernsysteme sind auf das „Ich kann“ ausgerichtet, darauf, etwas gut zu können und danach bewertet zu werden. Selbst in der Kunst, die ein purer Ausdruck des „Ich bin“ ist, dreht sich alles um das „Ich kann“. Das habe ich schmerzlich erlebt, als ich an der Universität der Künste Berlin vier Jahre studiert habe und versuchte, meinen Professor zu beeindrucken mit meinem Können. Der Professor hatte eine andere Vorstellung als ich von dem, wie meisterhaftes Können im Schreiben aussehen sollte. Ich war zerrissen zwischen der Anpassung an das, was meinem Prof gefiel und dem, was mir gefiel. Das zermürbte mich so sehr, dass ich Jahrzehnte lang keinen Lehrer mehr in mein Leben ließ. Was auch keine gute Entscheidung war.

Erst der König der Pferde, Maxim, ließ mich das eine fühlen, das mir immer gefehlt hatte: Dass ich wichtig war. Dass das, was ich wollte und mochte und fühlte genau richtig war. Weil es für mich richtig war – und weil das zählte. Er wollte nichts anderes als mich. Er liebte mich als die, die ich war. Ich musste nichts leisten. Es genügte ihm, das ich ich selbst war.

Weil wir die Ergebnisse, die aus dem „Ich bin“ entstehe, nicht so leicht sehen können, wie ich sie sehen konnte mit Maxim, entscheiden wir uns für die sichtbaren Ergebnisse, die aus dem „Ich kann“ kommen, aus dem Handeln, aus der Technik oder der Methode, die wir geübt haben.

Ein weiteres Beispiel, das das veranschaulichen kann ist das Werk von Vincent van Gogh.

Ich stand einmal im Musee d'Orsay in Paris vor einem Originalgemälde von Vincent van Gogh. Ich schaute in das Gemälde hinein und konnte den Moment fühlen, in dem jeder Pinselstrich entstanden war. Es war unglaublich intensiv. Ich wurde von der Energie des Bildes aufgesogen. Das ganze Bild pulsierte von Vincents Energie. Das konnte ich bei keinem anderen Maler so fühlen. Es war nicht seine Kunstfertigkeit, die Vincent van Gogh berühmt machte, es war nicht sein „Ich kann", sondern seine Persönlichkeit, sein „Ich bin".

Hinter mir liegt eine Rallye

Ich wollte mehr und ich wollte es schneller. Erfolg. Geld. Anerkennung. Einfluss.
5 × 1.000 Dollar, 10 × 1.000 Dollar. 100 × 1.000 Dollar. Sie kamen schneller, und sie waren schneller weg. Das habe ich so oft wiederholt, bis ich völlig erschöpft war.

Irgendwann fiel mir auf, dass es in meinem Leben überall dieselbe Gleichung gab: Mit dem Geld. Mit der Liebe. Mit der Gesundheit. Mit meiner Spiritualität.

Ich kann das. Schneller ankommen, schneller verbrennen.

Mir wurde bewusst, dass ich auf meiner Suche nach Erfolg auf die Grundformel gestoßen war, nach der unsere Zivilisation abläuft. Ich hatte ein gemächliches Leben gehabt, bis ich mich entschieden hatte, richtig Erfolg zu haben. Die Geschwindigkeit wuchs täglich. Ich war stolz. Ich wurde stolzer. Es machte mir Angst. Das Geld floss so schnell davon wie es kam. Und es wurde immer schwerer, daraus aufzuwachen.

Das Grundgefühl von „es ist immer irgendwie knapp" ging einfach nicht weg. Zu wenig Geld, zu wenig Zeit, zu wenig Liebe.

Ich hatte wieder vergessen, was Maxim mir gezeigt hatte: Den einfacheren Weg. All das sein zu lassen: das alles richtig machen, das perfekt sein, die Angst verdrängen, keine Schwäche zeigen.
Und stattdessen einfach zu sein.
Auf das „Ich bin" muss ich nicht warten. Es ist schon da. Es wächst von selbst. Es wächst durch meine Aufmerksamkeit. Sanft und unaufhaltsam.

Der einfachste Weg in den unaufhaltsamen Erfolg ist das „Ich bin".

Das „Ich bin" ist von Natur aus unaufhaltsam erfolgreich.

Ich muss nur aufhören, etwas anderes sein zu wollen als ich bin.

Oder zu glauben, dass ich etwas anderes sein müsste.

Wenn ich „ich bin", kommt das „Ich kann" von selbst.

„Veränderungen
finden von allein statt.
Wenn wir tiefer in das
eindringen, was wir sind.
Wenn wir akzeptieren,
was da ist, kommen
die Veränderungen
von allein.“

Fritz Perls

3 · VERÄNDERUNGEN FINDEN VON ALLEIN STATT

Claudia

Ich möchte dir von Claudia erzählen.

Claudia ist ein Phänomen. Sie hat vier Kinder im Alter von 10–18 Jahren. Drei Pferde, einen Hund, eine Katze, einen Mann, ein Haus und ein Business. Außerdem eine kranke Mutter, die sie pflegt und einen Gospelchor, in dem sie mitsingt. Niemand weiß, wie sie das schafft. Sie muss herausgefunden haben, wie sie an drei Orten gleichzeitig sein kann.

Claudia wandte sich an mich, weil sie mehr Geld verdienen wollte, ohne sich mehr anzustrengen. Ihr Mann hatte gerade seine Arbeit verloren und die Zinsbindung für das Hausdarlehen lief aus. Wenn kein Geld rein kam, mussten sie das Haus verkaufen, aber dann wohin mit den Tieren und den Kindern?

Die Situation war ernst, Claudia war heiter. Sie war vollkommen überzeugt, dass sie mühelos genügend Geld verdienen konnte, wenn sie nur ihr Mindset in die nächst höhere Schwingung bringen würde. Dazu hatte sie mich engagiert. Sie hatte keine Zeit zu verschwenden.

Mehr Geld konnte sie nur verdienen, wenn sie ihre größte Stärke als einen Service anbot, der für andere Menschen sehr viel wert war.

Aber was war Claudias größte Stärke? Sie war Tierheilpraktikerin, das war ihr Business, aber die Zahl der Patienten, die sie behandelte, konnte sie nicht erhöhen, denn jeder Patient brauchte eine bestimmte Zeit.

„Ich denke darüber nach, eine Weiterbildung zu machen in …“, sagte sie und nannte mir eine neuartige Methode, bei der sie mit einem Gerät Diagnosen stellen konnte und dadurch die Preise erhöhen.

„Würde es dir Freude machen, mit diesem Gerät zu arbeiten?“
„Nein“, war ihre spontane Antwort. „Ich brauche keine Geräte.“

Ich schlug ihr vor, keine Weiterbildung im „Ich kann“ zu machen, sondern im „Ich bin.“

Wir arbeiteten zwei Coaching Sessions lang an ihrem „Wer bin ich?“. Die Dinge kamen innerlich in Bewegung. Claudias größte Stärke war definitiv ihre Einfühlung in andere. Sie liebte es, für andere zu sorgen, sie konnte die Wünsche und Sorgen anderer telepathisch lesen und fand dann Wege, wie die Wünsche in Erfüllung gingen. Ich begann zu verstehen, mit welchem Benzin sie ihren Gemischtwarenladen aus Familie, Tieren und Arbeit am Weiterlaufen hielt.
Es verblüffte mich, dass sie keine offensichtlichen Anzeichen von Erschöpfung hatte.

Allerdings war auch klar, dass mehr nicht reinpasste in ihr 24/7. Also auch keine Möglichkeit, mehr Geld zu verdienen.

Dann erlebte ich etwas Eindrückliches.
In der dritten Coaching-Sitzung sagte sie etwas, das ich nicht vergessen werde:

„Ich habe viel an mir gearbeitet, ich habe dies gelernt und das gelernt, mich entwickelt, ich bin einen spirituellen Weg gegangen, habe mir meine Wünsche erfüllt, mir die Arbeit, die ich liebe, geschaffen, aber“ – und dies war der entscheidende Satz:

„Heute habe ich zum ersten Mal echtes tiefes Mitgefühl mit mir selbst.“

Ich konnte es am milden Ausdruck in ihren Augen sehen.

Claudia kam vom „Ich kann“ ins „Ich bin“.

Dadurch veränderte sich alles. Jetzt redeten wir nicht mehr darüber, was sie den ganzen Tag über leistete, jetzt redeten wir von ihrer Angst. Jetzt kam auch ihre Erschöpfung zum Vorschein. Claudia lag erst mal flach. Sie zog sich in ihr Zimmer zurück und ruhte sich aus. Ihr Mann und ihre älteren Kinder kümmerten sich um die Tiere und die Oma.

Claudia übte Mitgefühl mit sich selbst.
Wir fanden heraus, dass ihre Großeltern Kriegsflüchtlinge aus dem zweiten Weltkrieg waren und sie von ihren Eltern den Überlebensmodus übernommen hatte. Dass Claudia mit Hilfe dieses Antriebs all das Großartige geschaffen hatte, so als müsste sie immer noch als Flüchtling in einem fremden Land überleben.

„Diese Situationen habe ich mir immer wieder geschaffen, so wie auch jetzt: Überlebensmodus. Wenn ich das Geld nicht aufbringe, sind wir wieder auf der Flucht, brauchen wieder ein neues Zuhause. Ich möchte so gern ankommen, aber etwas in mir verhindert das.“

Während Claudia Mitgefühl mit sich selbst hatte und ihr Pensum auf Essen, Schlafen und Romane lesen herunterschraubte, nahm das Leben draußen seinen eigenen Lauf. Der Fuchs holte die Hühner, die Oma kam ins Krankenhaus, ein Pferd erlitt eine Kolik. Die Schulnoten der Kinder verbesserten sich exponentiell, ein Pferd wurde verkauft an jemanden, der schon lange darauf wartete und einen guten Preis bezahlte. Das Darlehen und der Lebensunterhalt waren für die nächsten zwei Monate gesichert.

Die Kunden der Tierheilpraxis füllten den Anrufbeantworter mit Hilferufen. Einmal in der Woche trafen wir uns zu einer Coaching-Session.

„Ich halte das nicht mehr aus", sagte Claudia zu mir. „Mein Mann und die Kinder und unsere Tiere kommen klar. Aber die kranken Tiere der anderen, … meine Gedanken kreisen nur noch darum."

Ich dachte, Shit! Wir hatten ausgemacht, dass sie den Anrufbeantworter nicht abhört.
„Warum hast du den Anrufbeantworter abgehört?", fragte ich sie.
„Ich muss den Anrufbeantworter nicht abhören, um zu wissen, wie es den Tieren geht", sagte Claudia.

In dem Moment wurde mir klar, was Claudias „Ich bin" war, mit dem sie mehr Geld verdienen konnte.
„Du weißt, welches Tier wie krank ist, ohne, dass jemand mit dir redet oder du das Tier untersuchst?", sagte ich.
„Klar", sagte sie.
„Mhm."
„Ich würde am liebsten jeden anrufen, und ihm sagen, was er tun soll, nur damit ich den Kopf wieder frei habe."
„Und du kannst dir vorstellen, was das für die Leute wert ist?"
„Sehr genau. Es gibt nichts Schlimmeres als ein krankes Tier, das raubt einem die ganze Lebenskraft."
„Dann rufe sie an, sage ihnen, du weißt die Lösung und nenne ihnen den Preis."
„Aber muss ich sie dazu nicht sehen? Die Praxis wieder aufmachen und den ganzen Stress?", sagte Claudia.
„Warum?", fragte ich.
„Damit es seriös wirkt.„
Wir lachten beide.

Claudias neues Business bestand darin, sich jeden Tag drei Stunden zurück-
zuziehen, zu meditieren und telefonisch Tiere zu heilen.

Claudia kann das.

„Ich habe schon als Kind Heilungen bei Tieren bewirkt", sagte sie. „Komisch,
dass ich das vergessen habe. Andererseits auch nicht komisch. Ich hatte mich
selbst vergessen."

Das Geld floss. Familie, Tiere und vor allem Claudia waren glücklich und
zufrieden.

**Unaufhaltsamer Erfolg kommt, wenn ich mit dem „Ich bin das" beginne
bevor ich in das „Ich kann das" gehe.**

Ich habe dir Claudias Geschichte erzählt, weil sie ein Beispiel dafür ist, was
passiert, wenn ich vom „Ich kann das" in das „Ich bin das" gehe. Auf deiner
Heldenreise in den unaufhaltsamen Erfolg geht es zwar darum, wie du mit
dem, was du wirklich bist, auch äußeren Erfolg hast, um das „Ich kann
das". Aber du hast in diesem ersten Schritt der Heldenreise gelernt, dass es
mit dem „Ich bin das" anfängt. Dass das „Ich kann" aus der Frage „Wer bin
ich?" hervorgeht.

Unaufhaltsamer Erfolg kommt, wenn ich mit dem „Ich bin das" beginne
bevor ich in das „Ich kann das" gehe. Das ist der erste wichtige Schritt der
Heldenreise. Sie beginnt mit der Frage: Wer bist du? Bevor sie dich fragt:
„Was kannst du?

„Tiere lernen nicht
durch Wissen, sondern
durch Erfahrung.“

Linda Kohanov

4 · Lernen, wie ein Tier lernt

Das „Ich bin das" habe ich von Tieren gelernt. Ich habe dir ja von Maxim, dem Friesenhengst, erzählt. Nach ihm kamen noch viele andere, die mir Nuancen und Facetten von mir gezeigt haben, die ich ohne sie nie kennen gelernt hätte.

Tiere können nicht anders als mit dem „Ich bin das" anfangen.

Tiere geben niemals ihr „Ich bin das" auf. Denn das wäre lebensgefährlich. In ihren Augen ist das, was wir Menschen tun, lebensgefährlich. Wir kümmern uns nicht um uns selbst, nicht um unsere Seele, wir lieben uns selbst nicht. Der Neurowissenschaftler Bruce Lipton hat durch kinesiologische Tests herausgefunden, dass circa 90 % aller Menschen keine Selbstliebe empfinden.

Das ist der Grund, warum Tiere uns nicht vertrauen.

Seit vielen Jahren beschäftige ich mich damit, wie Tiere lernen. Ich musste es tun, weil mein Pferd mich sonst meine Gesundheit und vielleicht mein Leben gekostet hätte. Tinnia war viel schneller, viel stärker, viel wacher als ich. Alles, was ich in der Menschenwelt gelernt hatte, studiert hatte, trainiert hatte, half mir nicht, um im Umgang mit diesem Vollblutpferd unversehrt zu bleiben.

Die Trainer, die ich hatte, halfen mir nicht, denn ihr Lernen war ein „Ich kann das" Training, bei dem das „Ich bin das" vergessen worden war. Es war ein Lernen von Technik und Methode, in dem die Frage nach der Beziehung zwischen mir und meinem Pferd keine Rolle spielte. Ich wusste nicht, dass das wichtig war und meine Lehrer wussten es auch nicht. Ich wurde immer frustrierter. Bis eine Trainerin, die auf arabische Vollblutpferde spezialisiert war, mir sagte: „Dein Pferd ist zu smart für all diese Methoden, die du da anwendest."

Das war ein Moment des Erwachens für mich. Ich glaubte ihr sofort. Denn das hatte ich schon längst geahnt.

Die Aussage dieser Frau, mit der ich nur einen halbstündigen Austausch hatte, und die ich nie wiedersah, änderte alles für mich. Ab da suchte ich nach etwas, das nicht auf Methoden beruhte, sondern auf Beziehung, auf Wahrnehmung, und auf etwas, von dem ich keine Ahnung hatte, nur ein Gefühl, dass es da etwas geben musste. Das Leben führte mich kurz darauf in einen Buchladen in Manhattan – ausgerechnet – wo ich ein Buch über Pferde fand, das mein Leben bis heute vollkommen verändert hat. „The Tao of Equus" von Linda Kohanov.

Linda Kohanovs Umgang mit Pferden beruht auf der Verbindung zwischen Menschen und Pferden, dem „Ich bin das" des Pferdes und dem „Ich bin das" des Menschen. Das wirklich Erstaunliche dabei ist, dass Pferde und Menschen sich dort, in der puren Essenz ihres Seins in einer großen Tiefe treffen können. All das ist dokumentiert in den Büchern von Linda Kohanov und denen vieler anderer, die ihr folgten. Ich habe selbst ein Buch darüber geschrieben: „Auf den Flügeln der Pferde". Kürzlich traf ich eine Frau, die zu mir sagte „Ich fand unfassbar, was du geschrieben hast in diesem Buch, es empörte mich, aber ich konnte nicht aufhören, es zu lesen." Ich erinnerte mich daran, dass es mir so gegangen war mit Lindas Buch.

Dreizehn Jahre später schreibe ich dieses Buch, das du gerade liest, als Ergebnis dessen, was ich durch die Erfahrung des vom „Ich bin das" zum „Ich kann das" von Pferden und anderen Tieren gelernt habe. Ich schreibe über das, was ich von Tieren gelernt habe über Erfolg und das Verwirklichen von Träumen.

Meine Stute wurde dadurch die sanfteste, kooperativste, sicherste Partnerin. Und auch viele andere Pferde, deren Besitzer ich begleiten durfte, die lernten, nach dem „Wer bin ich" zu fragen, bevor sie zum „Was kann ich" kamen.

Mein Pferd und viele andere Pferde, denen ich in den letzten 15 Jahren auf meinen Workshops an zahlreichen Orten in Europa begegnete, wurden meine großen Lehrer. Sie wurden zur Quelle dessen, was ich in die Welt trage.

Tiere lernen nicht durch Wissen, sondern durch Erfahrung.
Durch Erfahrung zu lernen, bedeutet, mit dem „Ich bin das" zu beginnen.

In diese Art lernen möchte ich dich mitnehmen. Ich möchte deinen Verstand überzeugen, dass es Sinn macht, durch Erfahrung zu lernen und das Wissen als Unterstützung zu nutzen.

Das klingt ganz einfach. Aber wenn du beginnst, es ernst zu nehmen, wartet eine grundlegende Veränderung auf dich.

Es braucht viele kleine Entscheidungen, bis der menschliche Verstand zustimmt, sich auf eine Erfahrung einzulassen, anstatt Wissen anzusammeln.

Bis der Mensch vom „Ich kann das" in das „Ich bin das" wechselt, um dann ein viel stärkeres „Ich kann das" zu erleben.

Es ist ein Wechsel vom „Ich kann das, weil ich es weiß" zum „Ich kann das, weil ich es erfahren habe".

Susanne Gerhard, die Gründerin von „Heilkraft der Pferde", die bei mir das „Erfahren„ gelernt hat, bringt es auf den Punkt. „Dieses Erfahren verankert sich so tief in allen Zellen des Körpers, dass man irgendwie auf allen Ebenen – in den Beziehungen, im Beruf, im Umgang mit Zielen und Scheitern, etc. – ein komplett anderer Mensch wird."

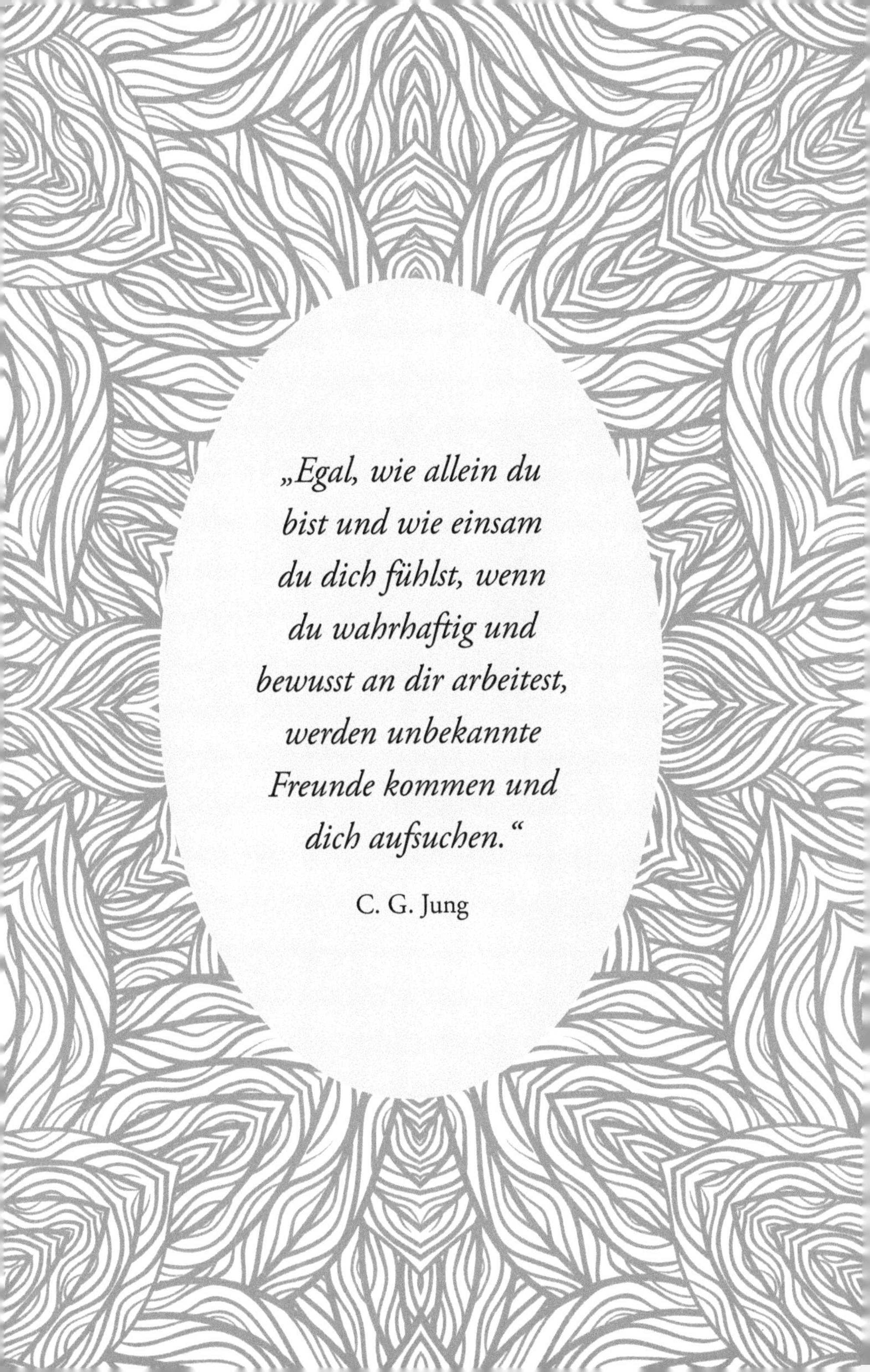

„Egal, wie allein du
bist und wie einsam
du dich fühlst, wenn
du wahrhaftig und
bewusst an dir arbeitest,
werden unbekannte
Freunde kommen und
dich aufsuchen.“

C. G. Jung

DER 2. SCHRITT

DER RUF

1 · ICH KOMME VON EINEM ANDEREN PLANETEN

Alexandra schrieb mir:

> *„Ich habe mich schon als Kind fremd gefühlt auf dem Planeten Erde. Ich hatte und habe das Gefühl, dass ich nur zum Teil hier bin und dass ein anderer Teil von mir im grenzenlosen Kosmos lebt. Als ich von Jesus hörte, der sagte: „Ich bin in der Welt, aber nicht von der Welt" hat mich das getröstet. Zum Teil. Jesus verstand mich, aber Jesus war nicht hier auf der Erde, als Freund zum Anfassen. Ich fühle mich oft allein und unverstanden. Ich bin mir nicht sicher, ob mit mir etwas nicht stimmt oder mit den anderen."*

Viele Menschen erzählen mir etwas Ähnliches. Und ich kenne das Gefühl selbst gut.

Wenn ich anfange, mich selbst besser kennenzulernen, taucht die Angst auf, dass etwas nicht mit mir stimmt.

Vielleicht erkennst du in diesen Gedanken etwas wieder:

- Ich bin verrückt.
- Ich bin genial.
- Ich komme von einem anderen Planeten.
- Niemand versteht nicht.
- Niemand mag mich.
- Ich bin fremd.
- Ich bin komisch.

- Ich gehöre nicht hierher.
- Ich verstehe mich besser mit Tieren als mit Menschen.
- Ich spinne.
- Ich habe Angst, dass andere entdecken, was ich wirklich denke.
- Ich passe nirgendwo rein.
- Ich langweile mich schnell.

Wenn du dich auf die Reise zu dir selbst machst, wird dir bewusst, dass es dich nur einmal gibt. Die Face ID unseres Handys führt es uns zwar täglich vor, aber wir verdrängen das gern, denn es macht Angst.

Sich zu fragen, wer ich bin. Es weckt die Angst, allein zu sein, allein zu bleiben, alles allein machen zu müssen, nicht geliebt zu werden für das, was ich bin und nicht dazuzugehören.

Andererseits ist die Antwort auf die Frage „Wer bin ich?" die einzige Möglichkeit, ein Leben zu führen, in dem ich ehrlich lieben und geliebt werden kann. Und in dem ich den Erfolg haben kann, der mich glücklich macht.

Ich bin einmalig. Ich will „Ich sein" und ich will „Ich kann das" erleben.

Das einsame Pferd

Ich erzähle dir dazu wieder eine Geschichte. Ich stand auf einer Pferdeweide im österreichischen Wienerwald mit zehn Menschen und zwanzig Pferden. Ich stand nur da und tat nichts und wollte nichts. Das war die Aufgabe, die ich den Teilnehmerinnen des Workshops gegeben hatte.
Ich stand also da und war pures „Ich bin".

Mein Verstand sagte dazu:
„Zeitverschwendung" und „Dinge passieren nicht einfach von allein." „Du kannst hier ewig stehen, da wird nichts passieren."

Mein Körper begann zu zucken. Er wollte etwas tun. Nicht, weil er sich entspannt bewegen wollte, sondern, weil programmierte Muster abliefen.

Mein emotionaler Hunger nach Erfahrung brüllte wie ein Löwe. Ich wollte etwas Beeindruckendes, etwas Berührendes erleben. Nach einer Weile stieg die Frustration in mir auf, denn es passierte wirklich nichts.

Ich blieb jedoch dabei, nichts zu tun und nichts zu wollen und nahm innerlich Abstand von dem mentalen, emotionalen und physischen Programm, das in mir ablief. Es durfte sich austoben, ich blieb die stille Beobachterin.

Ich hatte schon unzählige Male erlebt, dass das Nichtstun wahrhaft beeindruckende Ergebnisse hervorgebracht hatte, aber es brauchte jedes Mal neues Vertrauen. Denn es gab keine Garantie. Und unser Verstand will eine Garantie.

Inzwischen war ich ein ganzes Stück tiefer in mich eingesunken. In mir breitete sich das Vertrauen aus, dass die Überraschung kommen würde und ich fühlte die Vorfreude darauf, wie sie diesmal aussehen würde. Überraschung ist Überraschung. Also etwas, das ich nie zuvor erlebt hatte.

Und sie kam. In Gestalt eines Pferdes, das vom anderen Ende der Weide auf mich zukam. Es war mir zuvor nicht aufgefallen. Jetzt setzte es sich in Bewegung. In meine Richtung. Meinte es mich oder war es auf dem Weg zum Wassertrog? Das Pferd hatte das bereits entschieden. Ich wusste es nur noch nicht. Überraschung.

Hatten ich und mein „Ich bin" etwas zu tun mit dem Pferd, das losgelaufen war? Das Pferd bewegte sich gemächlich, aber ohne jedes Zögern, vorbei am Wassertrog, bis es schließlich vor mir stand. Es berührte mich nicht, aber ich fühlte seine Liebe in allen Zellen meines Körpers. Wir waren verwandte Seelen. Wir gehörten zusammen.

Das Pferd hatte meine Energie gelesen über die Ferne. Wir waren ein Match.

Tiere können das „Ich bin" von anderen lesen. Sie suchen die Verbindung.

Mein Körper entspannte sich tief, meine Gedanken wurden ruhig, meine Frustration wich einem Gefühl von tiefer Liebe. Mein Geist war wach, mein Bewusstsein weitete sich aus. Ich hatte intuitive Eingebungen.

Später erfuhr ich, dass dieses Pferd ein Einzelgänger war, dass es so gut wie nie auf Menschen zuging. Ich dachte, das passt. Ich bin eine Einzelgängerin, aber im Unterschied zu dem Pferd bin ich jemand, der auf andere zugeht, speziell auf Einzelgänger.

Genau wie dieses Pferd mich fand und auf mich zukam, kommt der Ruf in dein Leben. Die universelle Energie findet dich. Du erkennst es daran, dass dein Körper ganz ruhig wird oder du vielleicht auch weinst vor Rührung. Du erkennst es an einem Gefühl tiefer Liebe und daran, dass eine intuitive Stimme in dir spricht und du Gedanken hast, die sich beeindruckend und tief anfühlen und die dir eine ganz neue Dimension eröffnen.

Genau so kommt ein Ruf in dein Leben.

Der Ruf ist der zweite Schritt der Heldenreise. Dabei geht es darum, dass du zu etwas gerufen wirst. Etwas, das nicht aus deinem persönlichen Sein kommt, sondern aus einer Quelle außerhalb von dir. Eine unbekannte Stimme ruft dich. Und du hörst sie. Der Ruf ist an dich ganz persönlich gerichtet.

Der Ruf kommt zu dir als eine Energie von außen, die auf deine ganz persönliche Energie antwortet.

„Wenn du die Art,
wie du Dinge siehst,
veränderst, verändern
sich die Dinge, die
du siehst.“

Wayne Dyer

2 · Wenn du im Scheinwerferlicht stehst

Ich habe dir die Geschichte von dem Pferd, das meine Nähe suchte, erzählt, damit du den zweiten Schritt deiner Heldenreise besser verstehst, denn da geht es um Resonanz. Der Ruf ist eine Resonanz. Es ist eine Resonanz zwischen deiner Energie und der kosmischen Energie.
Hier kommt ein wichtiges Element hinzu zu deiner Heldenreise: die kosmische Energie.

Der erste Schritt deiner Heldenreise hat dich selbst ins Zentrum gerückt. Jetzt da du im Scheinwerferlicht stehst, findet dich die kosmische Energie und antwortet auf dich.

Die Begegnung zwischen mir und der einzelgängerischen Stute ist mehr als die Begegnung zwischen zwei Individuen, die sich anziehen, weil sie eine ähnliche Energie haben. Ein drittes Element wirkt mit: der kosmische Wille. Oder auch der Wille Gottes.

Ereignisse finden statt, damit der göttliche Wille sich verwirklichen kann. Darum geht es in Schritt zwei der Heldenreise, dem Ruf.

Gott oder das Universum oder wie auch immer du es nennen willst, ruft dich. Es trifft dich, meist in einem unerwarteten Augenblick. Du staunst, du weinst, du weißt. Du lässt alles fallen und gehst los. Du siehst etwas, das du zuvor nicht gesehen hast.

Du siehst einen Weg, der zuvor nicht da war. Du hast eine Energie, einen Weg zu gehen, die du zuvor nicht hattest. Du hast das definitive Gefühl: Das ist meins.

Du kannst es niemanden erklären. Und wenn du es tust, verstehen sie dich nicht. Denn es ist nicht ihr Ruf, sondern deiner.
Ein Ruf ist wie ein Fingerabdruck. Es gibt ihn nur einmal. Niemand hat denselben Ruf wie du.

Wenn die kosmische Energie und deine Energie in Resonanz sind, kannst du Berge versetzen, sagt die Bibel. Ein Senfkorn Glauben genügt.

Das ist die Power, die ein Ruf hat. Deshalb heißt es Heldenreise, weil es hier um etwas Größeres als dein persönliches Leben geht. Deshalb bist du eine Heldin, wenn du diesen Weg gehst. Du hast es mit dem Kosmos, mit dem Willen Gottes selbst zu tun. Und was da alles passieren kann, kann man in aller Tiefe in der Bibel und anderen heiligen und unheiligen Schriften nachlesen. Menschen erleben es schon seit Tausenden von Jahren.

Wie kann das sein? Wie kann ich mit Glauben Berge versetzen? Kann ich das? Kann das jeder?

Die Quantenphysik hat schon vor fast 100 Jahren, mit Max Planck, herausgefunden, dass alle Materie aus Energie entsteht.
Unser Körper ist Materie, die von Energie hervorgebracht wurde und auf Energie antwortet. Resonanz. Die Antwort auf die Frage, wie man mit Glauben Berge versetzen kann, ist: Die kosmische Energie hat den Berg erschaffen, also kann sie ihn auch versetzen. Mein Glauben ist meine Resonanz mit der kosmischen Energie. Also kann auch ich Berge versetzen. Das klingt ganz einfach. Aber wie komme ich in Resonanz mit der göttlichen Energie? Muss ich dazu ein Prophet sein oder Jesus?

Probieren wir es mit Liebe als dem Türöffner zur Resonanz.

Der Neurowissenschaftler Bruce Lipton hat Menschen kinesiologisch getestet auf den Satz „Ich liebe mich". Circa 90 % der Probanden hatten eine negative Reaktion. Dieses Gefühl kannte ihr Körper nicht. Das hat mich schockiert, als ich es zum ersten Mal las. Aber es passte zu meinem lebenslangen Gefühl, dass ich mir nicht wichtig war. (Ein kinesiologischer Test misst, ähnlich einem Lügendetektor, unsere Körperenergie als Antwort auf eine Frage und findet damit heraus, was wir wirklich glauben.)

Dass wir so wenig Selbstliebe empfinden liegt, laut Bruce Lipton, daran, dass wir im Alter von 0–7 Jahren, in dem unser Gehirn in einem Zustand von widerstandsloser Empfänglichkeit ist, energetisch auf Selbstsabotage programmiert werden. 90 % aller Menschen sind Meister der Selbstsabotage anstatt der Selbstliebe.

Ohne Selbstliebe verwahrlosen wir.

Ohne Selbstliebe gräbt die Selbstsabotage ihre Spuren in unser Leben.

Das ändert sich, wenn wir Zugang finden zu unserem Ruf. Wenn wir das kosmische Match finden, den Willen Gottes, der vom anderen Ende des Kosmos, oder vom anderen Ende der Pferdeweide, unerwartet auf uns zugelaufen kommt. Dann wacht unsere Selbstliebe auf. Das Pferd meint mich. Der Ruf meint mich.

Mein Match, das Einzelgängerpferd, hat mich gefunden. Es liebt mich bedingungslos. Der Ruf hat mich gefunden. Gott liebt mich bedingungslos. Ich fühle die Liebe. Ich bin glücklich.

Und ich bin unaufhaltsam erfolgreich. Wie das Senfkorn:

Jesus erzählte ein weiteres Gleichnis: „Mit Gottes himmlischem Reich ist es wie mit einem Senfkorn, das ein Mann auf sein Feld sät. Es ist zwar das kleinste von allen Samenkörnern, aber wenn es aufgeht und wächst, wird es größer als andere Sträucher. Ja,

Markus 4, 30–32

Ein kleiner Augenblick genügt, in dem eine kosmische Energie mich berührt. So wie es mir erging mit der Stute. Durch die Begegnung mit ihr konnte ich fühlen, wer ich bin. Meine vielen Selbstbilder zerschmolzen auf eines, das wahrhaftig ist: Ich bin eine Einzelgängerin. Auch wenn ich Teil einer Herde bin. Auch wenn ich gut darin bin, Gemeinschaften zu erschaffen, in denen ich mich wohl fühle.

Wenn die kosmische Energie das kleine Senfkorn, mich, berührt, und ich gepflanzt werde, fange ich an zu wachsen und dabei kommt zum Vorschein, was in mir steckt, ein Baum, in dem die Vögel ihre Nester bauen.

Der Ruf bringt mich in Verbindung mit einer Kraft, die so viel größer ist als ich. Die Schöpfung, die mich hervorgebracht hat, tut alles, um meine Wünsche zu erfüllen, weil es die Wünsche des Lebens selbst sind.

Die Sehnsucht nach Verbindung, die Sehnsucht nach Liebe, die Sehnsucht, ein Baum zu sein, in dem die Vögel ihre Nester bauen, sie wurden in mein Herz gelegt und als kleines Senfkorn in den Boden gesät.

Ich bin da. Ich habe aufgehört zu wollen. Ich habe, zusammen mit der Stute, Gott geatmet für einen Augenblick. Der Augenblick hat genügt, um etwas geschehen zu lassen, das ich nicht willentlich hätte hervorbringen können. Ich hätte das Pferd nicht dazu bewegen können, aus der Ferne auf mich zuzulaufen. Ich war einfach nur still. Ich trat einen Schritt zurück hinter die Zweifel, hinter den Lärm meiner Gedanken.

55

Das kleinste, das unscheinbarste unter allen Samenkörnern, der stille Augenblick, brachte etwas hervor, das kein Wollen und kein Handeln erzwingen könnten.

Ich habe meinen Ruf gespürt in diesem Augenblick.

Der Ruf:

Du erinnerst dich daran, wer du bist. Du wachst auf aus deinem Schlaf. Du fühlst, das dich etwas Größeres berührt. Ein Licht ist hindurch gedrungen zu dir, durch die vielen Schichten, die über deiner zarten Seele liegen.

„Wake up and live", singt Bob Marley.

Die nächste Frage ist:

Wie findest du deinen Ruf? Das kosmische Match?

Sabine

Ich möchte dir die Geschichte von Dr. Sabine Barth erzählen. Sie war eine erfolgreiche Wissenschaftlerin, hatte einen Doktortitel in Mineralogie und wusste alles über Kristalle. Obwohl sie akademisch alles erreicht hatte, war sie unglücklich und wurde depressiv. Ihr wurde bewusst, dass ihr Verstand in Höchstform performte, aber dass sie nichts fühlte. Keine Freude, kein Glück.

Sie wollte das Fühlen kennenlernen. Dabei passierte etwas Erstaunliches. Sie begann die Innenwelt der Kristalle zu fühlen. Sie entdeckte, dass Menschen mit Kristallen schon vor Tausenden von Jahren Heilungen bewirken konnten. Sabine wurde von den Kristallen gerufen, diese alte Wissen in die neue Zeit zu tragen. Hier war das kosmische Match: Sabine hatte diese Faszination für Kristalle und die kosmische Energie brauchte jemanden, der über die Kristalle neue visionäre Heilkraft unter die Menschen bringt.

Sabine kann das. Und sie wird gebraucht.

Sabine sagt: „Wir leben in einer Zeit, in der neue kosmische Frequenzen manifestiert werden wollen und sie brauchen dazu die passenden Erdlinge. Die Kristalle schaffen den Zugang zu den puren neuen Energien." Der Erfolg von Sabine ist unaufhaltsam. Sie ist genau die Richtige für diese Mission.

Durch Sabine bekomme ich einen Einblick in das Wesen von Kristallen und ich habe Respekt gewonnen vor Sabines Ruf. Es ist keine leichte Aufgabe, mit diesen ganz und gar puren kristallinen Energien umzugehen, denn sie bringen alles Unstimmige zum Vorschein wie unter einem Vergrößerungsglas. Eine solche Heilfrequenz bringt die innere Struktur in Aufruhr, wenn sie nicht 100 % pur ist. Das erlebt Sabine bei den Behandlungen. Sie erlebt, wie hinter der Auflösung der blockierenden Energie, das Pure, das Gesunde zum Vorschein kommt, in kürzester Zeit.

Sabine kann das. Sie kann diese hoch wirksame Heilenergie nutzen. Ihr ganzes Leben hat sie darauf vorbereitet.

Wenn ich unaufhaltsamen Erfolg suche, geht das nur mit einem Ruf. Mit etwas, das mich ruft. Ein Ruf weckt deine größte Lebenskraft. Wenn du deinen Ruf findest und ihm folgst, kannst du in allen Widrigkeiten bestehen. Weil du nicht nur aus deiner begrenzten menschlichen Kraft heraus arbeitest, sondern weil du kosmische Unterstützung hast, den göttlichen Willen. Du bist nicht allein verantwortlich für das, was jetzt geschieht. Du wirst geführt. Du kannst darauf vertrauen, dass es eine Macht gibt, die den Weg kennt, wenn du ihn noch nicht sehen kannst. Wenn du vertraust, wird das scheinbar Unmögliche möglich.

Wir suchen unaufhaltsamen Erfolg, weil wir die Lebendigkeit suchen, die er mit sich bringt. Das pure Glück. Den Kristall in uns.

Was Sabine kann, kannst du auch.

Wir alle sind ein Match aus kosmischer Energie und unserer persönlichen einmaligen Energie. Wir sind Geschöpfe und Schöpfer. Dort an der Naht-stelle der Energien fließt der Strom des Lebens. Dort hören wir die göttliche Stimme flüstern, die ruft: Ja du, du bist gemeint.

„Freiheit kommt, wenn
du mutig bist."

Robert Frost

3 · Wenn die kosmische Stimme flüstert

Ich kann das – Ich kann meinen Ruf finden

Kannst du die kosmische Stimme flüstern hören? Flüstert sie zu dir durch Tiere, durch Jesus, durch Engel, durch Zeichen, durch Poesie, Musik oder Sprache? Gott ist überall und der Ruf ist das pulsierende Leben selbst.

Das Leben spricht mit uns und wir können es hören. Es spricht mit jedem anders. Es ist nie automatisiert. Es ist keine künstliche Intelligenz. Es ist authentisches „Ich bin".

Wir können das.

Ein Augenblick kann alles verändern

Es beginnt damit, dass du etwas Ungewöhnliches tust. In ein anderes Land reist, an einen anderen Ort, einen unbekannten Menschen kennenlernst, ein Buch liest, einen Workshop besuchst, etwas tust, das du noch nie getan hast. Oder einfach nur still bist. Du bereitest das Feld. Du lockerst den Boden auf, damit ein Samen hereinfallen kann.

Dann passiert es. Der Samen fällt. Der kosmische Samen.
In der Bibel gibt es die Gleichung vom steinigen Boden, auf dem der Samen verdorrt, vom Gestrüpp, in dem er nicht ans Licht kommt und vom fruchtbaren Boden, auf dem er gedeiht.

Wie sieht es mit deinem Boden aus? Ist er aufgelockert und fruchtbar genug, damit der kosmische Samen hineinfallen kann? Oder musst du erst den Boden auflockern und fruchtbar werden?

Ich war Anfang vierzig als mich ein Ruf mit voller Wucht erreichte. Ich war mit meiner Familie im Urlaub auf einem Bauernhof. Wir machten Ausritte auf isländischen Pferden und ich sah in der Ferne ein arabisches Pferd vorbei galoppieren. Der Anblick des Pferdes in der Ferne genügte, um einen Samen ans Licht zu holen, der in meiner Kindheit gesät worden war. Mein Traum von einem arabischen Pferd.
Der Boden war bereitet seit dreißig Jahren. Jetzt war der Augenblick gekommen.

Ein Augenblick genügte, um mein Leben vollkommen zu verändern. Ich werde den Augenblick nie vergessen. Ich hatte das Gefühl, dass in meinem Innern eine Fontäne von Energie sprudelte. Wasser. Eine Quelle mit unbegrenzter Energie.

Die Geschichte eines unaufhaltsamen Erfolges begann. Aus dem einen Samen wuchs eine Pflanze, die bis heute Hunderte und Tausende von Samen hervorgebracht hat.

Ein arabisches Pferd kam in mein Leben. Es lehrte mich bedingungslose Liebe. Ich fand eine Lehrerin, Linda Kohnaov, die mir zeigte, wie ich andere Menschen lehren konnte. Ich schrieb ein Buch „Auf den Flügel der Pferde – eine Heldinnenreise ins Herz der Kreatur". Ich unterrichtete und bildete Menschen aus in der Heldenreise mit Pferden. Ich hielt unzählige Workshops mit Pferden ab, kreierte das Horse & Spirit Festival. Ich reiste zu Wildpferden, nach Sardinien, nach Jamaika, ich schrieb weitere Bücher, ich begann Tierkommunikation zu lehren, ich lernte ein Business aufzubauen und zu führen, ich lernte Online zu unterrichten, ich begann zu reisen, in den USA zu leben, in Jamaika und von dort aus zu unterrichten. Ich lernte mit Geld umzugehen und große Umsätze zu generieren. Eine Gemeinschaft entstand, die die Heldenreise weitergibt und in der ich und viele andere ein Zuhause finden. Mein Senfkorn ist ein Baum geworden und andere Menschen bauen heute ihre Nester mit dem, was sie bei mir gelernt haben.

Ich bin sicher, einen solchen Samen gibt es auch in deinem Leben.
Einen Ruf erkennst du daran, dass er dir unbegrenzte Energie gibt. Die Energie ist unbegrenzt, weil sie aus der universellen Quelle kommt.
Unsere persönliche Energie ist begrenzt, die kosmische Energie kennt keine Grenzen.

Ich kann das: Unaufhaltsamer Erfolg kommt, wenn ich mich mit der kosmischen Energie verbinde und dem Ruf folge.

Du lebst in einem Paradies und es liegt an dir, die Quelle zu finden, aus der das nie endende Elixier fließt. Wenn du den Blick öffnest, wirst du es finden. Ein Senfkorn Glauben genügt.

Ich habe noch etwas vergessen, einen Aspekt, der noch wichtig ist.

„Wenn du klar und direkt um genau das bittest, was du möchtest, wird es zu dir kommen.“

Dr. Benjamin Hardy

4 · Mal wieder verbrettert

Ich kann das nicht. Heute bin ich verbrettert.

So geht es mir immer wieder. So geht es auch den Menschen, die sich an mich wenden. Ihr Ruf ist verloren gegangen. Sie wandern durch die Wüste. Keine Oase der Inspiration in Sicht, nur müdes Dahinschleppen. Oder eine müde Hoffnung, die mit viel Vorstellungskraft aufgepumpt werden muss.

Alles wird abgegrast, was bisher Rufenergie brachte. Bücher, Lehrer, Freunde, Coaches, Krafttiere, Gottesdienste, Rituale, Meditationen oder Extremsport.

Wo ist der eine Moment? Wo geht die Türe auf? Wo fällt das Senfkorn auf den Boden?

Oft sagen Menschen, die bei mir lernen: „Mein Leben hat sich positiv verändert auf eine Weise, die ich mir nie hätte vorstellen können."
Das passiert, wenn sie eine starke Rufenergie entdecken, einen fließenden Austausch mit der kosmischen Quelle.

Aber warum verlieren wir dann den Ruf immer wieder? Können wir ihn nicht einmal finden und dann für immer davon getragen werden? Warum verlieren wir, die Menschheit, den Anschluss an die kosmische Quelle immer wieder? Die Bibel mahnt uns in unzähligen Geschichten, dass dies die einzig wirkliche Bedrohung ist.

> *„Ohne prophetische Offenbarung verwildert das Volk."*
> (Bibel, Sprichwörter 29,18)

Im Moment verlieren wir sie besonders schnell. Angststörungen grassieren, Burnout ist eine Epidemie geworden, gestörte Energiefelder, chemische Verunreinigung der Luft bringen immer neue Krankheiten und Allergien hervor. Josh Waitzkin, ein Kampfkunst-Weltchampion, der mit seinem Buch „Die Kunst des Lernens" neue Dimensionen der menschlichen Entwicklung erforscht hat seinen Wohnsitz von Manhattan in den brasilianischen Dschungel verlegt. Dort findet er die Stille, die er braucht, um seinem Ruf zu folgen.

Spiritualität ist in den letzten zehn Jahren zu einem Mainstream-Thema geworden. Als ich vor 15 Jahren anfing, Spiritualität in der Pferdewelt zu unterrichten war ich eine einsame Außenseiterin. Regelmäßig wurde ich in die esoterische Ecke abgeschoben. Heute gibt es jeden Tag neue Visionäre, die sich in den kosmischen Willen einklinken und dabei hunderttausende Follower haben. Die Menschen spüren, dass wir Bewusstsein brauchen, um unsere Probleme zu lösen. Heute ist es inspirierend anstatt irritierend, zu sagen, dass alles Energie ist und dass Materie ein Gedanke ist, den wir denken.

Die britische Neurowissenschaftlerin Dr. Tara Swart schreibt in ihrem Buch „Die Quelle": „Die Neurowissenschaft hat sich massiv entwickelt hauptsächlich aufgrund der Gehirn-Scan-Technologie. Diese Entwicklungen machen Dinge glaubwürdig, die ich intuitiv gefühlt habe, aber denen ich nur zögerlich vertraute. Das Gehirnscannen hat … die beeindruckende Kraft der Plastizität unseres Gehirns entschlüsselt."

Während Dr. Tara Swart und andere Wissenschaftler immer neue wissenschaftliche Beweise finden für spirituelle Prozesse, finde ich immer neue Beweise im Verhalten der Tiere. Beides führt zu sehr ähnlichen Ergebnissen. Das fasziniert mich.
Diese wissenschaftlich erforschten Tatsachen haben eine sehr große Auswirkung auf unsere Weltanschauung, so groß, dass sie uns erst allmählich bewusst wird. Was spirituelle Traditionen seit Jahrtausenden lehren, gewinnt sichtbare Realität.
Wir kehren zu dem zurück, was Menschen schon immer wussten:

Glauben kann Berge versetzen. Wir können das.

Unser Leben kann sich positiv verändern auf eine Weise, die wir uns nicht vorstellen können.

Wenn wir den Ruf finden und ihm folgen, können wir etwas so Großartiges hervorbringen, dass es alle unsere Vorstellungen sprengt.

Warum aber verschwindet der Ruf immer wieder?

Wir verlieren den Ruf immer wieder, weil wir nach außen schauen, anstatt nach innen. Weil es Absicht braucht und Übung, nach innen zu schauen. Weil unsere Prägungen und das kollektive Denken uns immer wieder einholen. Weil die Weltanschauung, die unseren Alltag prägt, so gut wie keine Spiritualität hat.
Eine Rufenergie ist sehr mächtig, weil sie eine überpersönliche, kosmische Energie ist. Sie folgt spirituellen Gesetzen. Diese Gesetze lernst du auf deiner Heldenreise kennen. Die Heldenreise ist deshalb so wirksam, weil sie Schritt für Schritt den Weg von der inneren spirituellen Wahrnehmung in die sichtbare Verwirklichung beschreibt.

Die Heldenreise wurde von Joseph Campbell (1904–1987) komponiert als Antwort auf die brillante Frage: Was haben alle Geschichten und Mythen gemein? Die Antwort: Sie erzählen von der Reise eines Helden in seine innerste Kraft, um die größte äußere Bewegung hervorzubringen. Sie erzählt von dem, was passiert, wenn ein Mensch mit dem Universum in Resonanz geht. Wenn das Senfkorn in den fruchtbaren Boden fällt.

Als Nächstes möchte ich dir erzählen, was mir ein Eichhörnchen in einem Park in Lake Worth, Florida, eingeflüstert hat über die kosmische Resonanz. Etwas, das so süß war, dass es nur von einem Eichhörnchen kommen kann.

Rash

Aber bevor ich dir von dem Eichhörnchen erzähle, muss ich dir noch von Rash erzählen.

Sein ganzer Name ist Rashard Beckford. Bevor ich ihn traf, hatte ich ein Bild an der Wand meiner Wohnung hängen, das ich auf dem Kunsthandwerkermarkt in Ocho Rios, Jamaika, gekauft hatte. Es zeigt einen Einheimischen auf einem Fahrrad, der durch den Dschungel fährt. Der Name des Malers steht in der rechten unteren Ecke: Beckford.

Etwa zwei Jahre später lernte ich in Ocho Rios Rashard Beckford kennen, einen jamaikanischen Fahrradathleten, der nicht der Maler des Bildes war, aber dessen energetische Spur schon vor zwei Jahren ein Zeichen im Sternenstaub hinterlassen hatte.

Ich erzähle dir von Rash, weil Rash, der nie an einer Universität gewesen war, wusste, was Einstein wusste: Geist ist stärker als Materie. „Spirit is stronger than stuff."

Das hatte er ganz persönlich erlebt bei einem Fahrradunfall. Er wurde von einem Auto angefahren, dessen Fahrer Fahrerflucht beging. Sein Fahrrad wurde zu Müll zerquetscht und die Knochen seiner linken Körperhälfte waren so gebrochen, dass es so aussah, als ob er nie wieder würde gehen können, geschweige denn Fahrradfahren.

Rash war aber überzeugt, dass der Geist seinen Körper heilen konnte. Nach sechs Wochen verließ er das Krankenhaus und war vollkommen wiederhergestellt. Das Einzige, was von dem Unfall zurückblieb, waren die vielen Operationsnarben an seinem linken Arm und seinem linken Bein.

Rash war 30 Jahre jünger als ich, aber wir verstanden uns auf Anhieb als wir uns über den Weg liefen. Ein kleiner Wortwechsel und die Connection war da. Wir haben viele wundervolle Abende am Pier von Ocho Rios verbracht. Wir führten tiefe philosophische Gespräche, während der jamaikanische

Himmel beim Sonnenuntergang sein hypnotisierendes Farbenspiel zelebrierte, sich von rosa zu violett verfärbte und Wolken hervorbrachte, die von Engeln beleuchtet wurden.

Rash, der im Hinterland von Jamaika aufgewachsen war und von Gelegenheitsjobs lebte, hatte einen Glauben an die Macht des Geistes, wie ich es selten erlebt habe. Er war hochbegabt, was den Glauben anging. Was die Quantenphysik, was Albert Einstein herausgefunden und bewiesen hatte, wusste Rash intuitiv, auch wenn er noch nie von Albert Einstein gehört hatte. Er glaubte es und er hatte es erlebt. Es hatte ihn in kürzester Zeit aus dem größten Albtraum seines Lebens befreit.

Rash kannte das Geheimnis des unaufhaltsamen Erfolgs.

Rash war weder finanziell vermögend, noch erfolgreich nach den Maßstäben der industrialisierten Welt, aber ihm fehlte nichts. Er war unerschütterlich glücklich.

„I promise myself to be good", war sein Leitspruch, „Ich verspreche mir, dass es mir gut geht". Er strahlte einen inneren Frieden aus, der mich alles vergessen ließ, was ich je vom Leben hatte wissen wollen. Die Zeit mit ihm war ein Geschenk.

Ich bin dankbar, dass ich am anderen Ende der Welt, einen so wundervollen Freund gefunden habe, der meine kosmischen Gedanken, mit denen ich mich meist als Fremdling auf der Erde fühlte, voll und ganz verstand, teilte und mit mir genoss.

Durch Rash verstand ich das Eine: Das Geheimnis des unaufhaltsamen Erfolges braucht keine Wissenschaft, keine Bildung, kein Geld und kein Alter. Es ist überall und kann von jedem entdeckt werden. Das gilt auch für den Ruf. Rashs Ruf ist es, für immer glücklich zu sein. Er versprach es sich jeden Tag von neuem.

Auch ein Eichhörnchen kennt den Ruf und das Geheimnis des unaufhaltsamen Erfolgs, das mit dem Ruf mitgeliefert wird.

Jeder kann Frieden finden und für immer glücklich sein. Sofort.

Das Eichhörnchen

Der Ruf ist ein Moment, der herausragt aus dem Fluss der Ereignisse. Oft können wir uns genau erinnern an die Situation.

So ging es mir mit einem Eichhörnchen im John Prince Memorial Park in Lake Worth Beach, Florida.
Ich war schon häufiger in diesem, an einem großen See gelegenen Park spazieren gegangen und hatte viele Eichhörnchen gesehen, die auf den Bäumen herumkletterten. Mit einem dieser vielen Eichhörnchen hatte ich einen Austausch von vielleicht fünfzehn Minuten, der sich tief bei mir eingebrannt hat.

Von außen betrachtet war dabei nur eine Frau zu sehen, die vor einem Baum steht und ungewöhnlich lange in den Anblick eines Eichhörnchen versunken ist. Und ein Eichhörnchen, das ungewöhnlich lange still auf einem Ast sitzt und in den Anblick einer Frau versunken ist.

Das Eichhörnchen sah mich an mit einem tiefen Blick. Es hatte Kontakt mit mir aufgenommen. Ich blieb stehen. Ich spürte, dass es mir etwas vermitteln wollte.

Wenn Gott mit dir spricht, bleibt die Zeit stehen.

Alles andere wird unwichtig. Gott spricht mit mir durch die Tiere. Durch die reinen Wesen. Ich spürte, dass es ein dringendes Anliegen hatte und dass es um mich persönlich ging. Nicht um etwas, das für die Welt bestimmt war oder für andere, sondern für mich.
Es waren Worte, die ich nicht mehr vergessen werde. Bevor die Botschaft als Wort ankam, kam sie als Gefühl.

Plötzlich fühlte ich wieder das Fremdsein. Das Alleinsein. Die Angst, verlassen zu werden, flutete meinen Körper und verbrannte mich von innen heraus. Wie ein Gespenst, das nur auf die nächste Gelegenheit wartet. Mit der Angst kam die Sehnsucht, dass es endlich aufhören würde.
Da hörte ich die Worte: „Das, wonach du dich sehnst, das sehnt sich auch nach dir."
Ich spürte die Dringlichkeit, mit der das Eichhörnchen sie vermittelte. Bitte höre mich, schien es zu sagen. Ich spürte, wie verzweifelt es durchdringen wollte zu mir. Sein Wunsch war aufrichtig. Es war der Wunsch des Lebens, mich zu erreichen.
Der Ruf.

Mein Ruf ist, dem Leben zu vertrauen, dass es mir antwortet, dass es mich sucht, dass es sich nach mir sehnt.

Der Ruf ist etwas, das von außen auf uns zutritt. Aber wenn wir genauer hinsehen ist es eine Antwort auf eine Sehnsucht tief in uns. Der Ruf verlangt nicht etwas, zu dem wir nicht bereit sind. Der Ruf führt uns nicht von uns weg. Der Ruf möchte, dass wir den Mut haben, unsere tiefste Angst zu fühlen und das Vertrauen, dass das Leben uns dort herausholen wird. Dass unsere tiefste Angst sich in unsere größte Kraft verwandelt. Dass das Leben uns alles geben wird, wonach wir uns sehnen. Dass wir gewollt sind und geliebt. Der Ruf erlaubt uns zu lieben, zu erschaffen, zu sein – im tiefen Vertrauen, dass das Leben darauf antworten wird.

Ich kann das. Ich kann darauf vertrauen, dass das Leben mich hört, weil es mich liebt.

„Das Einzige, worauf
wir uns wirklich
verlassen können, ist
die Überraschung."

Josh Waitzkin

Der 3. Schritt

Schritt

Die Blockade

1 · WIR KÖNNEN ANGST MEHR ALS LIEBE

Ich sehe nicht, was wirklich passiert. Ich sehe, was ich erwarte. Ich erlebe, was ich erwarte. Ich reagiere auf das Leben mit eingeschliffenen Gewohnheiten.

Der unaufhaltsame Erfolg kann nicht zu mir kommen, weil ich nicht sehe, wie er kommt. Da, wo er kommen könnte, erwarte ich das Scheitern.

Ich kann das: Das Scheitern erwarten, ausmalen, vorhersagen.

Ich kann mir das Scheitern ausmalen, ich kann es begründen, rechtfertigen, verteidigen. Ich kann es beweisen. Ich kann es wahrmachen.

Ich kann mir Szenarien ausmalen, was alles passieren wird, wenn ich dies tue oder das tue, wenn ich in diese Ausbildung investiere oder in diese Beziehung. Wenn ich hier anrufe oder wenn ich nicht anrufe.

Ich kann Angst haben.

Ich bin ein ängstlicher Mensch. Ich kenne Menschen, die weniger Angst haben und Menschen, die mehr Angst haben als ich. Generell gehöre ich zu den eher ängstlichen Menschen.
Ich dachte immer, meine Ängstlichkeit macht es unmöglich, wahrhaften Erfolg zu haben. Dass nur angstfreie Menschen Erfolg haben können und ängstliche Menschen immer die Zuschauer bleiben. Und so war es auch. Das Leben gab mir recht. Es machte wahr, was ich glaubte. Ich hatte viele Jahre nicht den Erfolg, den ich mir wünschte. Ich glaubte zutiefst, dass ich ihn verdient hätte, denn ich war mindestens so gut und sogar besser als viele andere, die viel erfolgreicher waren als ich.

Der Erfolg kam nicht. Der Grund war meine Angst. Jedoch nicht die Tatsache, dass ich ein ängstlicher Mensch bin, sondern der Glaube, dass ich wegen meiner Ängstlichkeit nicht erfolgreich sein konnte.

Es war nicht meine Angst, sondern mein Umgang mit meiner Angst. Heute habe ich diesen Unterschied verstanden. Ich bin immer noch genauso ängstlich, wie früher, aber nicht mehr so erfolglos. Heute kann ich sagen: Ich bin erfolgreich dank meiner Angst.

Wie konnte ich diese hartnäckige Überzeugung, dass ich nicht erfolgreich sein kann wegen meiner Angst, auflösen und in ihr Gegenteil verwandeln?

Das Leben antwortete auf meine größte Sehnsucht. Das wonach du dich sehnst, sehnt sich auch nach dir. Es ist wahr. Weil ich es glaube.

Das arabische Pferd, das ich während des Urlaubs auf dem Bauernhof in der Ferne gesehen hatte, das einen 30 Jahre alten Wunsch wieder erweckte, kam in Fleisch und Blut in mein Leben. Das Pferd, das mich genau das lehren konnte: Wie man als ängstlicher Mensch erfolgreich wird. Tinnia war vom Leben perfekt ausgesucht für mich. Ein Match. Sie war eine einzigartige Lehrerin der Angst. Sie kannte die einzige wirksame Medizin gegen die Angst: die Liebe.

Mein Großvater, ein wahrhaftiger Pferdemann, von dem ich das Reiten gelernt habe, hatte mich schon als Kind vor den arabischen Pferden gewarnt. Er erzählte mir Geschichten von den arabischen Pferden, die so ängstlich waren, dass sie, wenn sie einmal in Panik gerieten – und das passierte sehr schnell – nicht mehr zu bremsen waren und dabei sogar ihr eigenes Leben aufs Spiel setzten, ganz abgesehen von dem ihrer Reiter.

Im Leben meines Großvaters gab es keine arabischen Pferde, sondern württembergische Warmblutpferde, die für die Arbeit auf dem Feld gezüchtet worden waren.

Nachdem mich der Ruf zu einem arabischen Pferd ereilt hatte, begann ich Bücher über arabische Pferde zu lesen und lernte, dass sie nicht nur sehr ängstlich, sondern zugleich sehr überlebensstark waren. Sie sind eine der ältesten und überlebensstärksten Rassen der Welt. Sie werden älter als andere Rassen und ihr Geist ist ungewöhnlich wach. Napoleon verdankte seinen Erfolg unter anderem seinem arabischen Pferd Marengo, das ihn durch viele Feldzüge trug und 38 Jahre alt wurde, was in menschlichen Maßen über 100 Jahre ist.

Wie konnte es sein, dass diese Pferde so erfolgreich waren, obwohl sie so ängstlich waren? Wie konnte es sein, dass ihre Eigenschaften so geschätzt wurden, dass ihr Erbgut Anteil an unzähligen heutigen Pferderassen hat?

An diesem Rätsel habe ich mich lange abgearbeitet. Weil ich ahnte, dass dort die Antwort auf meine lebenslange Erfolgsblockade lag.

Mein Großvater hatte recht gehabt: Meine arabische Stute floh in Panik, wenn über Nacht der Schnee im Schwarzwald getaut war, allein aus Angst vor dem plötzlich veränderten Anblick der Landschaft. Dieses Verhalten war vollkommen absurd und alles andere als überlebensstark. Und das war nur eines von vielen Beispielen. Sobald sie ihre kleine gewohnte Komfortzone verließ, geriet sie in eine Dauerpanik. Diese Art von Angst war physiologisch nicht sinnvoll, denn das Adrenalin hielt ihren Körper in einem Zustand von Überreiztheit.

Auf der anderen Seite konnte sie jeden meiner Gedanken lesen. Es dauerte lange, bis ich das bemerkte. Ich konnte es nicht sehen, weil ich es nicht erwartete. Als ich es merkte, wurde mir bewusst, dass ich Monate damit zugebracht hatte, ein Pferd zu formen, das nur in meiner Vorstellung existierte. Während ich mit Nachdruck, Hartnäckigkeit und unter Einsatz meines Lebens versuchte, das Pferd zu programmieren, las das Pferd jeden meiner Gedanken, kannte meine Absichten schon bevor ich in den Stall kam und hatte beschlossen, dass es sich nicht von mir würde programmieren lassen, sondern seine Überlebensinstinkte intakt halten würde.

Tinnia und viele andere Pferde und Tiere haben mir über die Jahre gezeigt, wie sehr Programmierung unsere Energie schwächt.

Und doch verbringen wir den größten Teil unseres Alltags mit dem unbewussten Abspulen unbewusster Programmierungen, die nicht einmal unsere eigenen sind, sondern die der Menschen, die uns in den ersten 7 Jahren geprägt haben.

Wir werden auf Angst programmiert. Jedoch nicht auf überlebensförderliche, intuitive Angst, sondern auf dieselbe Angst, die Tinnia vor der plötzlich schneelosen Landschaft hatte. Die Angst vor Gespenstern.

Die Angst vor Gespenstern hält uns davon ab, unaufhaltsam erfolgreich zu sein.

Wir können Angst mehr als wir Liebe können.

Der einzige Weg aus der Angst ist die Liebe. Die einzige Sicherheit, die wir haben ist die Liebe.
Das lehrte mich die arabische Stute. Nachdem ich anfing, sie zu sehen, wie sie wirklich war, nachdem ich aufhörte, sie programmieren zu wollen, und nachdem ich lernte, Gedanken zu lesen, wie sie es konnte, wurden wir ein Match. Wir liebten uns bedingungslos. Da legten sich meine und ihre Angst zur Ruhe. Wenn der Schnee über Nacht schmolz und alles plötzlich anders

aussah, genossen wir das tiefe, unerschütterliche Band zwischen uns, das stärker war als jedes Gespenst.

„Hindernisse sind
nicht im Weg, sie sind
der Weg."

Unbekannt

2 · ENDE GUT, ALLES GUT - IST NICHT GESUND

Ende gut – alles gut? Ja, das hätten wir gern. Aber das macht nicht erfolgreich und es ist auch nicht gesund.

Jedesmal, wenn die Liebe ein Stück wächst, wächst auch die Angst. Das passiert im dritten Schritt der Heldenreise. Wenn du den Ruf hörst, wenn das neue Pferd, der neue Job, der neue Partner, das neue Baby, das du gerufen hast und das dich gerufen hat, da ist, kommt die Angst. Die Angst kommt bei allem, was neu ist. Auch wenn es etwas so scheinbar Geringes ist wie der neue Anblick der Landschaft, nachdem der Schnee geschmolzen ist.

Arabische Pferde sind so überlebensstark, weil sie Angst so fein wahrnehmen können. Durch ihre intuitive Angstwahrnehmung sind sie sehr wachsam. Sie haben durch ihre angstvolle Wachsamkeit Zugang zu mehr und zu detaillierterer Information. Sie hatte zum Beispiel Zugang zu meinen Gedanken. Sie konnte sich vor ihnen schützen. Wenn ich im Training etwas von ihr wollte, das sie verunsicherte, wusste sie das schon, in dem Moment, in dem ich auf die Idee kam. Ihre Angst meldete sich. Sie war vorbereitet.

Die Angst vor Gespenstern hält uns davon ab, neue Wege auszuprobieren. Die angstvolle Wachsamkeit dagegen gibt uns Sicherheit auf dem Weg ins Unbekannte.

Wenn ich die Angst unmittelbar fühle, erkenne, woher sie kommt und was ich tun muss, um mich in Sicherheit zu bringen, löst sie sich auf. Sie löst sich nicht nur auf, sondern an ihre Stelle tritt Mut.
Je mehr Angst ich erlebe, desto mehr Mut gewinne ich. Mut, der sich ansammelt wie Geld auf einem Bankkonto.

Mut ist das Benzin auf dem Weg in den unaufhaltsamen Erfolg.

Ich kann das.

Ich kann Angst. Und ich kann Mut.

Im dritten Schritt der Heldenreise geht es um die Blockade. Um das, was uns aufhält, auf dem Weg des unaufhaltsamen Erfolgs.
Die Blockade ist eine unbewusste Angst. Eine Angst, die gesehen werden will.

Nachdem dieses Pferd mich in Ängste katapultiert hatte, die ich mir nie hätte vorstellen können, hat es in mir einen Mut geweckt, den ich mir nie hätte vorstellen können. Dieses Pferd war mein Startschuss in den unaufhaltsamen Erfolg.

Wenn du unaufhaltsamen Erfolg suchst, sei bereit, zuerst deiner unaufhaltsamen Angst zu begegnen. Wenn du ihr nicht länger ausweichst, wird sie dich unaufhaltsam mutig machen.

Darauf kannst du dich freuen.

Lucia

Lucia war Tierärztin, aber mit der Zeit entwickelte sie eine immer größere Abneigung gegenüber dem Anordnen bestimmter Medikamente, gegenüber dem Spritzen geben und schließlich weigerte sie sich, überhaupt Diagnosen zu stellen. Sie entwickelte einen so großen Widerwillen, dass sie kurz davor stand, ihre Praxis ganz zu schließen.

Die Menschen in ihrem Umfeld rieten ihr, einen Psychiater oder Therapeuten aufzusuchen und Lucia willigte ein. Sie war, wie ihre Mitmenschen, überzeugt, dass etwas Grundsätzliches nicht mit ihr stimmte. Der Psychiater diagnostizierte eine Depression und verordnete ihr Antidepressiva.
„Jetzt wird alles besser", sagte ihr Mann erleichtert.

Ein riesiger Ehestreit folgte. Lucias Mann hatte seine Frau noch nie so wütend gesehen. Nie und nimmer würde sie die Medikamente nehmen und nie und nimmer würde sie die Diagnose Depression akzeptieren.
So wie ihr Diagnosen und Medikamente zuwider waren bei den Tieren, so lehnte sie es ab, selbst diagnostiziert zu werden und ein Medikament einzunehmen, das auf dieser Diagnose beruhte. Das Problem war, sie konnte ihrem Mann nicht erklären, warum. Sie verstand es selbst nicht.
So wie die Situation aussah, gab es eine klare Lösung, nämlich Anti – Depressiva zu nehmen, aber Lucia war nicht bereit, sie anzunehmen.

Als nächstes begann Lucia das ganze Haus aufzuräumen, ausgewachsene Kleider und Spielzeuge der Kinder wegzuwerfen und ihren Kleiderschrank auf das Minimum zu reduzieren.
Die Tierarztpraxis lief weiter, Lucia machte ihren Job, sie erteilte Diagnosen, verschrieb Medikamente und gab Spritzen, auch wenn es ihr zutiefst zuwider war.

Sie suchte auch den Psychiater wieder auf. Sie erklärte ihm, dass sie keine Anti-Depressiva nehmen würde und dass es ihr wieder besser ging. Sie erzählte ihm von ihren Aktivitäten.

Der Psychiater sagte ihr, dass sie davon ausgehen müsse, dass auf ihre starke Aktivität früher oder später eine Depression folgen würde.

Lucia hörte ein YouTube Video von mir, in dem ich von Tieren als Lehrern sprach – und kontaktierte mich.

„Ich lebe in zwei Welten“, sagte sie. „Auf der einen Seite bin ich angepasst, versuche meinen Alltag zu bewältigen, aber habe immer das Gefühl, dass ich im falschen Film bin. Ich bin nicht ich selbst. Ich spiele eine Rolle. Ich funktioniere wie ein gut dressierter Hund.“

Sie seufzte und ich konnte sehen, wie erdrückend das für sie war.

„Und auf der anderen Seite?“, fragte ich.

„Das ist es ja. Die andere Seite ist völlig verrückt. Da mache ich unvernünftige Dinge, weigere mich Diagnosen zu stellen, Medikamente zu verabreichen. Ich werde meiner Verantwortung als Ärztin nicht gerecht. Es ist gefährlich. Mein Mann ist auch schon ganz verzweifelt.“

„Warum weigerst du dich, eine Diagnose zu stellen?“

„Ich habe das Gefühl, ich drücke dem Tier damit einen Stempel auf und das war's. Der Besitzer ist zufrieden, das Kind hat einen Namen, aber im Grunde ändert die Diagnose nichts, weil die Ursache viel tiefer liegt.

Das eigentliche Problem ist, dass ich mich schuldig fühle gegenüber dem Tier. Ich habe das Gefühl, ich verrate es. Und das ist unerträglich für mich.“

Sie begann zu weinen.

„Was würdest du denn gern stattdessen tun?“

Sie sah mich an, als hätte sie das noch niemand zuvor gefragt. Nicht einmal sie sich selbst. Sie zuckte mit den Schultern, ihr Blick wurde leer.

„Ich habe keine Ahnung“, sagte sie nach einer Weile. Ich konnte spüren, dass diese Ohnmacht noch schwerer wog als die Müdigkeit.

„Ich habe keine Wahl“, fuhr sie fort. Entweder tue ich, was von mir verlangt wird und bin dauernd müde und erschöpft – oder ich bin vollkommen verrückt und andere sind irritiert, verärgert oder bekommen Angst vor mir.“ Sie grinste zaghaft, als wäre das, was ihr gerade klar wurde ein Witz. „Entweder depressiv oder manisch“, sagte sie. „Und am Ende manisch – depressiv.“ Ich spürte, wie ihr diese Erkenntnis alle Energie raubte.

„Du sagst, du hast das Gefühl, dass du das Tier verrätst, wenn du eine Diagnose erteilst wie einen Stempel. Du sagst, das eigentliche Problem ist, dass die Ursache viel tiefer liegt.“

Sie nickte.

„Heißt das, du wüsstest einen anderen Weg der Heilung, jenseits der Diagnose und des Medikamentes?“

„Ich weiß es nicht. Ich weiß nur, dass das mit der Diagnose zu kurz greift. Ich sehe es ja auch. Das Medikament hilft eine Weile und dann kommt die Krankheit zurück.“ Sie seufzte noch tiefer als zuvor. Meine ganze Arbeit ist sinnlos – und mein ganzes Leben auch. Ich will einfach nicht mehr. Der Psychiater hat recht. Ich bin schwer depressiv.“

„Du möchtest den Tieren gern helfen.“

„Ja. Das ist mein Wunsch seit ich ein Kind bin. Ich kann mir nichts anderes vorstellen, was mich glücklich machen würde.“

„Und warum tust du es nicht?“

„Ich kann es nicht.“

„Wenn du deinen Weg
Schritt für Schritt vor
dir siehst, weißt du,
dass das nicht dein Weg
ist. Deinen eigenen
Weg bestimmst du mit
jedem Schritt, den du
machst. Deswegen ist es
dein Weg."

Joseph Campbell

3 · Die Blockaden von anderen erkennen wir schnell

Ich möchte mit dir noch ein wenig tiefer einsteigen in Lucias Blockade. Ich kann mir vorstellen, dass du schon einige Ideen entwickelt hast, was ihre Blockade sein könnte. Denn wir sind alle begabte Blockaden-Detektive. Allerdings eher, wenn es um die Blockaden von anderen geht.

Gängige Ideen sehen dann so aus:

- Lucia hat ein Trauma aus der Kindheit. Sie sollte zu einem Trauma – Therapeuten gehen.
- Lucia sollte sich Zeit zum Meditieren nehmen und zu sich selbst finden.
- Lucia sollte sich weiterbilden in neuen tiermedizinischen Methoden.
- Lucia sollte es mit den Antidepressiva probieren, wenn es nicht klappt, kann sie sie immer noch absetzen.
- Lucia sollte sich mit Kollegen des Vertrauens austauschen.
- Lucia sollte ihr Eheproblem lösen.
- Lucia sollte ihre Spiritualität entdecken.
- Lucia sollte sich nicht so anstellen. Es geht ihr doch gut.
- Wenn sie nichts unternimmt gegen ihre Depression, wird ihr Leben zerbrechen und andere müssen den Preis bezahlen, ihre Kinder.
- Mir tut Lucia leid. Ich finde auch vieles blöd, aber was soll man machen?

Ich möchte dir einen einfachen Weg zeigen.

Frage nach dem „Ich KANN das." Um das „Ich bin das" zu finden. Nähere dich diesmal von der anderen Seite.

Das „Ich kann das“ findest du da, wo Energie ist.
Wo Gefühlskraft ist. Wo Glauben ist.

Das „Ich kann das“ ist oft verborgen hinter einem „Ich will das nicht“ oder einem „Ich kann das nicht.“

Das „Ich kann das“ findest du oft da, wo ein starker Widerwille oder eine große Ohnmacht ist.

Lucia hatte sehr viel Widerwille, wenn es darum ging, Diagnosen zu stellen. Sie war bereit, ihre Praxis zu schließen, ihren gelernten Beruf aufzugeben und ein großes finanzielles Opfer zu bringen.
Sie hatte auch sehr viel Widerwille, wenn es darum ging, selbst diagnostiziert zu werden. Sie war bereit, eine Ehekrise auszulösen, indem sie sich weigerte, die Diagnose eines Experten anzunehmen.

All das wegen einem starken „Ich will das nicht.“

Was sie nicht mehr wollte, war, dass die Tiere oder sie selbst in ihrer Selbstbestimmung und körperlichen Unversehrtheit angegriffen wurden.
Sie fühlte eine große Ohnmacht darin, den Tieren nicht helfen zu können.

Lucias Ruf war es, die Selbstbestimmtheit von Tieren und auch ihre eigene zu schützen. Und sie hatte sehr klare Vorstellungen davon, wie dieser Schutz aussehen sollte.

Hinter jeder Blockade steckt ein Ruf, der nicht gelebt wird.

Wenn ich den Ruf finde, finde ich die Kraft, durch die Blockade durchzugehen.

Es gibt einen Grund, warum der Ruf sich versteckt.

Der Ruf ist etwas, das außerhalb der inneren Normen liegt. Etwas, das gesellschaftlich tabu ist, als unsinnig angesehen wird, als unakzeptabel. Etwas, wofür es zunächst keine gesellschaftliche Anerkennung gibt.

So ging es weiter mit Lucia:
„Als du die Diagnose von dem Psychiater erhieltst, was war da dein erster Gedanke?“, fragte ich sie.
Lucia sah mich verwundert an. „Keine Ahnung.“
„Kannst du die Situation noch einmal hervorholen?“
Sie schloss die Augen. „Mein erster Gedanke war: Er hat recht. Und dann empfand ich eine Riesenwut.“
„Auf ihn?“
„Nein, es war nichts Persönliches. Er machte seinen Job, so wie ich meinen Job mache als Tierärztin. Ich mache das, was ich gelernt habe und was die Berufsethik vorschreibt. Ich war wütend auf mich und auf die ganze Welt.“
Sie atmete tief durch. „Oh, mein Gott. Ich habe diese Wut schon als Kind gespürt. Als Kind wollte ich die anderen oft anschreien: „Warum versteht ihr mich denn nicht?“ Aber nach außen hin war ich ganz ruhig. Diese Wut ist in mir eingeschlossen wie eine Atombombe und ich habe Angst, dass die Bombe in mir irgendwann hochgeht.“
Jetzt sah ich Lucia zum ersten Mal ungehemmt lächeln. „Pffffffffffff“, machte sie.
„Und was passiert dann?“
Sie lachte. „Das will ich mir lieber nicht ausmalen.“

Am nächsten Tag wurde Lucia zu einem Pferd gerufen. Sie ging hin und fragte sich: Was braucht das Pferd, wenn es keine Diagnose, kein Medikament und keine Spritze braucht?
Plötzlich war da nicht nur ein „Ich will das nicht“, sondern die Möglichkeit für etwas Anderes.

„Ich habe die Stute gefragt, was sie will.“

„Was wollte sie?“

„Sie legte sich hin und wälzte sich. Ich konnte sehen, dass die Besitzerin ständig auf ihrem Handy herum tippte und gar nicht mitbekam, was mit dem Pferd los war. Ich konnte plötzlich sehen, was für eine Beziehung sie zu dem Pferd hatte. Sie wollte, dass das Pferd funktionierte. Und sie wollte, dass ich es wieder zum Funktionieren bringe. Und etwas in mir sagte: Nein! Es ist das Funktionieren müssen, das das Pferd krank macht – und das mich krank macht.“

Lucia weinte. Lange Zeit.

Dann wurde sie ganz ruhig.

„Es ist vorbei“, sagte sie schließlich. „Ich werde nicht mehr funktionieren. Und ich werde auch niemanden mehr zum Funktionieren bringen.“

Ich hatte das Gefühl, dass die Bombe, die schon in Lucias Kindheit in ihr rumort hatte, gerade begonnen hatte, zu explodieren – auf eine sanfte Weise. Die Explosion zerstörte nichts. Statt einer atomaren Verwüstung breitete sich um Lucia herum ein weiches Licht aus, dessen Quelle Lucia selbst war. Ich konnte es in ihrem Gesicht sehen. Ihr Blick war nicht mehr leer, sondern mild und liebevoll.

Ich fragte Lucia, wie es mit der Stute weiterging.

„Ich ging am nächsten Tag nach unserem Gespräch wieder hin und verordnete der Besitzerin dreißig Tage lang jeden Tag eine halbe Stunde Zeit mit ihrem Pferd, in der sie dem Pferd ihre volle Aufmerksamkeit schenkte und nichts von ihm wollte, außer mit ihm zusammen zu sein – ohne Handy natürlich.“

„Was sagte die Besitzerin dazu?“

„Zu meiner Verblüffung nahm sie meinen Vorschlag an.“

Später erzählte mir Lucia: „Nach vierzehn Tagen war das Ekzem der Stute verschwunden. Die Besitzerin setzte das dreißigminütige Zusammensein noch fort, bis die dreißig Tage erfüllt waren. Am Ende sagte sie zu mir: „Das hat mich zu einem anderen Menschen gemacht."

„Wie geht es dir?" fragte ich Lucia. „Was macht die Depression?"
„Ich kann mich schon gar nicht mehr daran erinnern. Das ist schon so lange her", sagte sie lächelnd. „Ich bin sehr damit beschäftigt, diese neuen Heilwege zu finden, indem ich die Tiere frage. Und by the way … unterrichtest du nicht Tierkommunikation? Ich will das lernen."

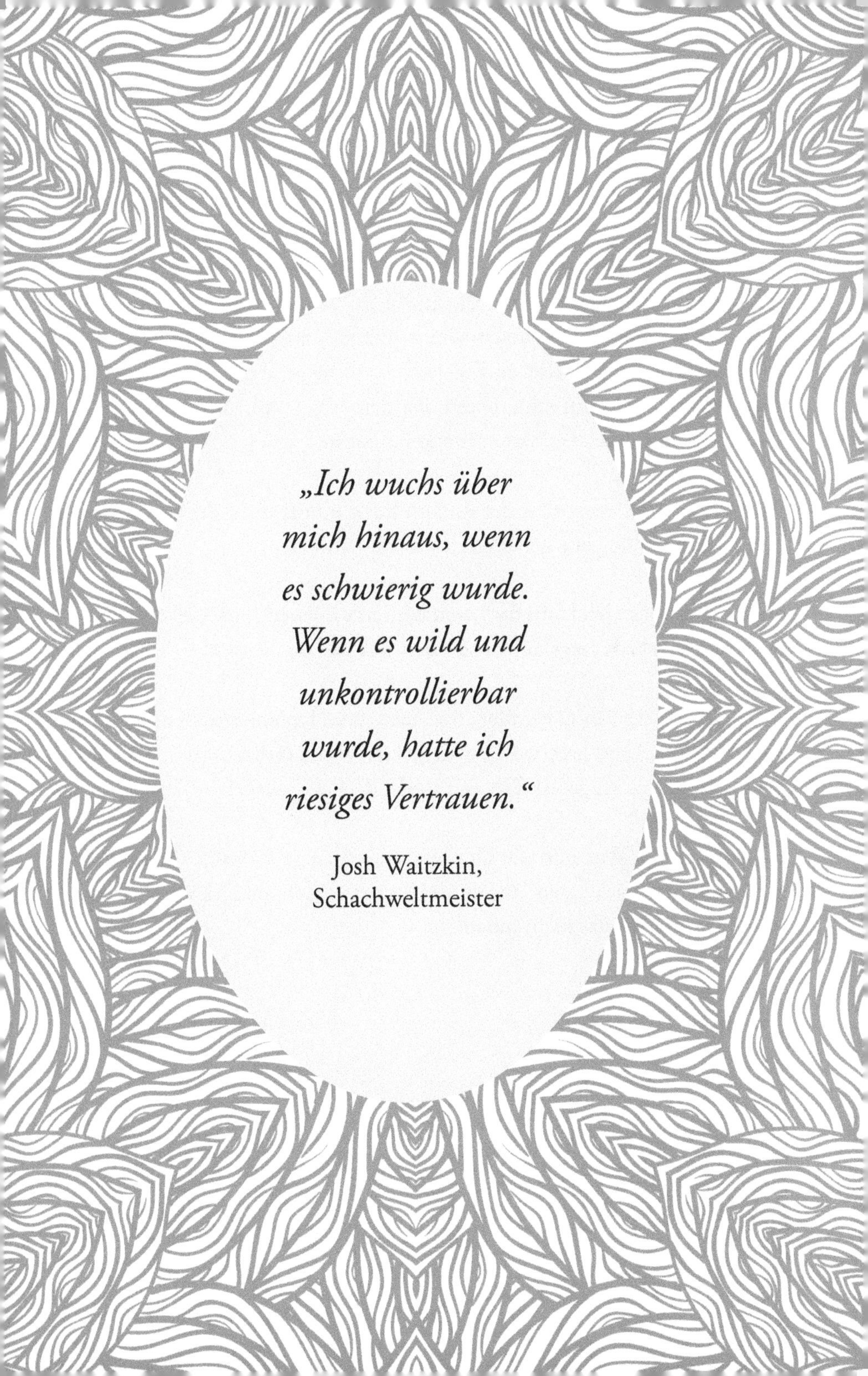

„Ich wuchs über
mich hinaus, wenn
es schwierig wurde.
Wenn es wild und
unkontrollierbar
wurde, hatte ich
riesiges Vertrauen.“

Josh Waitzkin,
Schachweltmeister

4 · NUR DU WEISST, DASS DU ES KANNST

Das Großartige an Blockaden ist, dass sie nicht locker lassen. Unsere Depressionen, unsere Süchte, unsere Wutausbrüche, unsere Verrücktheiten haben uns Menschen das Überleben gesichert. Denn sie sind der hartnäckige Ruf nach etwas, das in uns schlummert, vor dem wir so sehr Angst haben, dass wir es vor uns und aller Welt verstecken müssen.

Aber wir wissen auch, dass der Ruf am Ende immer durchdringt. Denn er ist die größte, ureigene Lebenskraft jedes Einzelnen.

Der Ruf ist das „Ich kann das", von dem nur du weißt, dass du es kannst. Und die Blockade zeigt dir, wie du den Ruf befreien kannst.

Schau also nicht dahin, wo alle hinschauen, um Happiness zu finden. Schau dahin, wo du Angst hast, wo du wütend bist, wo du verletzbar bist. Kurz, wo du dabei bist, aufzugeben. Genau da geht dein Weg weiter.

Die Angst, die Wut und die Ohnmacht sind deine Freunde. Sie sind der Schlüssel zu der geheimen Türe, hinter der dein Erfolg auf dich wartet. Öffne die Türe und lass das Licht hinein.

„Wenn du eine
Entscheidung triffst,
sorgt das Universum
dafür, dass sie
sich erfüllt.“

Ralph Waldo Emerson

DER 4. SCHRITT

DAS ZIEL

1 · Wenn du eine Entscheidung triffst, sorgt das Universum dafür, dass sie sich erfüllt

Jamaika – Du bist geschützt

Es ist Sonntagabend und gerade, wo ich das Laptop aufgeklappt habe, um weiter zu schreiben, empfinde ich ein Gefühl von so großer Dankbarkeit, dass ich weine. Ich weine aus Dankbarkeit dafür, dass ich in Jamaika sein kann. Es ist für mich fast unvorstellbar, dass ich wirklich hier sein kann, auf dieser Insel mit ihrem türkis blauen Meer, dem magischen Dschungel, den explosiven Farben, den anmutigen Menschen, ihrer tief schwarzen Haut und ihrem tiefen Glauben.

Jamaika hat mich gelehrt, wie mächtig ein Ruf sein kann. Ich folge dem Ruf, blind für alle Gefahren, blind für alle Konsequenzen. Ich fühle vollkommenes Vertrauen, dass ich hier geschützt bin. Der Ruf schützt mich.

Wenn du tust, wozu du gerufen bist, bist du geschützt.

Der Ruf ist ein göttliches Geschenk. Wenn du es annimmst, erhältst du göttlichen Schutz, denn nicht nur du, sondern auch das Universum sind daran interessiert, dass dieses Geschenk auf der Erde ankommt.

Jamaika gibt mir das Eine, nach dem ich mich am meisten sehne: Geist. Manche Menschen sehnen sich nach viel Geld, nach viel Liebe, nach viel Genuss. Ich sehne mich nach viel Geist.

Jamaika ist durchtränkt von Geist. Es ist bevölkert von spirituellen Menschen. Ihre Spiritualität ist innig, leidenschaftlich, und geduldig. Sie ist authentisch und naturverbunden.

In der Nachbarschaft tönen schon seit einigen Stunden aus Lautsprechern die Stimmen der Prediger und der Gemeinde, die in der Schule nebenan einen Gottesdienst abhalten.
Es geht um die Offenbarung des Johannes.

Es geht um Visionen der Zukunft, die 2000 Jahre alt sind. Und um Visionen der Zukunft heute. Indem wir die Zukunft erträumen, erschaffen wir sie. Die Offenbarung des Johannes war für mich bis jetzt unzugänglich. Heute fühle ich sie zum ersten Mal, – ich fühle sie in der Stimme der Predigerin. In ihrer Stimme spüre ich ihre Gabe, die Zukunft zu sehen, wie ein Licht, das durch den dichten Dschungel strahlt. Sie sieht das Unbekannte, das auf uns wartet. Weil sie es sieht, kann es wahr werden. Die neue Erde. Der neue Mensch. Die Erlösung.
Im Klang ihrer Stimme.

Wenn wir in die Zukunft schauen, ist da eine eigenartige Stille. Wir berühren einen Ort, an dem Wirklichkeit entsteht. Wir sind Schöpfer.
Das ist es, was mich nach Jamaika ruft: An der Quelle der Schöpfung sein. Die Schichten ablegen, die mich davon trennen.

Manifestieren

Du bist beim vierten Schritt deiner Heldenreise angekommen.

Hier geht des um das Manifestieren. Um das Ziele erreichen. Die Welt, in der wir heute leben, wurde geschaffen von Menschen, die ein starkes Bedürfnis hatten, bestimmte Ziele zu erreichen: ein Auto zu bauen oder ein Flugzeug. Oder ein starkes Bedürfnis, große Probleme zu heilen: quälende Krankheiten oder Hungersnot. Oder, wie ich, ein starkes Bedürfnis zerstörerische Überzeugungen und Lieblosigkeit in Liebe und Erfolg zu verwandeln.

Ich beobachte, wie sich in den letzten Jahren der allgemeine Umgang mit Zielen mehr und mehr verändert hat. Während ein Großteil der Menschen immer noch mit Plan und Strategie auf gewinnorientierte Ziele losgeht und dabei immer öfter und schneller in den Burnout gerät, haben sich andere Menschen dem Manifestieren zugewandt.
Im Vergleich zum linearen, strategischen Ziele erreichen ist das Manifestieren eine viel dimensionale Art, Ziele mit Leichtigkeit und Freude zu erreichen.

Ich möchte dir von zwei Meistern des Manifestierens erzählen.

Rhonda Byrne und Jack Canfield

2004: Die Australierin Rhonda Byrne war an einem Tiefpunkt ihres Lebens angekommen. Ihr Vater war gerade gestorben, sie hatte erdrückende Schulden, war depressiv und ohne Energie, etwas zu ändern. Ihre Tochter drückte ihr eine Ausgabe von Wallace Wattles „The Science of Getting Rich" (Die Wissenschaft des Reichwerdens) in die Hand. Mit den Ideen von Wallace Wattles aus dem Jahr 1910 kam Rhonda Byrne auf eine zündende Idee.

Die Ideen von Wallace Wattles fanden Resonanz in ihr und erinnerten sie an etwas, was sie selbst schon lange wusste, aber vergessen hatte. In dem Buch stand unter anderem: „Nichts, das ein Mensch sich vorstellen kann, ist unmöglich zu verwirklichen."

Rhonda stellte sich etwas vor und verwirklichte es. Sie würde einen Film drehen über das „Gesetz der Anziehung" und dazu prominente Personen auf dem Gebiet interviewen. Sie würde den Film „The Secret" („Das Geheimnis") nennen. Was sie in dem Film offenbaren würde, war ein vom Mainstream ausgeklammertes uraltes Wissen, das sein Dasein in ominösen Geheimbünden fristete oder in Büchern von visionären Denkern wie Wallace Wattles.

Sie nahm ihr letztes Geld in die Hand und machte sich auf den Weg in die Vereinigten Staaten. Dort hatte das Wissen um das „Gesetz der Anziehung" Einzug in die Wirtschaft gefunden durch den Bestseller von Napoleon Hill „Think and Grow Rich". Das Buch war 1937 erschienen und hatte sich bisher 70 Millionen Mal verkauft. Eine Generation von neuen Erfolgslehrern wie Jack Canfield, Bob Proctor oder Wayne Dyer brachten die Inhalte unter die Leute.

Rhonda Byrne hatte ein Ziel.
Und die Ideen von Wallace Wattles hatten ihr die nötige „Ich kann das"
Energie gegeben.

Der Moment, in dem sich die depressive Energie in das „Ich kann das"
wandelt – das ist der Kern der neuen Art des Zielesetzens. Es ist wie ein
Schalter umlegen. Es ist eine Verschiebung von einer lebensfeindlichen in
eine lebensfreundliche Energie. Es ist eine Richtungsänderung von Leben
zerstören zu Leben erschaffen. In dieser Energie werden Wunder, wird das
scheinbar Unmögliche möglich.

**Rhonda Byrnes „Ich kann das" Energie war so stark, dass sie ein großes
Wunder hervorbrachte.**

Jack Canfield war ein Lehrer für Persönlichkeitsentwicklung und Erfolg,
als er 2005 auf Rhonda Byrne traf. Er war ein Experte für das „Gesetz der
Anziehung", das Rhonda Byrne in ihrem Film vermitteln wollte.
In einem von Jack Canfields Programmen, an dem ich 2022 teilnahm,
erzählte er, wie er Rhonda Byrne begegnete. Er erzählte es als Beispiel für
die Macht der Intuition, die hinter dem Gesetz der Anziehung steht. Er
hatte die Eingebung gehabt, ein Transformational Leadership Council zu
gründen, in dem sich prominente Vordenker des Manifestieren zum Austausch treffen würden.
Er hatte den Kreis der Personen gerade zusammen gestellt, als Rhonda Byrne
bei ihm anklopfte und bat, teilnehmen zu dürfen. Jack lehnte zunächst ab,
denn der Kreis sollte auf namhafte, einflussreiche Personen beschränkt sein
und Rhonda Byrne war zu der Zeit zu unbekannt.
In einer Meditation hatte Jack jedoch die Eingebung, Rhonda einzuladen.
Diese eine Eingebung, und seine Entscheidung, ihr zu folgen und seine
strategischen Überlegungen an die zweite Stelle zu setzen, brachten den
Durchbruch für ihn, für Rhonda, für viele Mitglieder des Councils und für
Millionen von Zuschauern und Lesern auf der ganzen Welt.
Jack Canfield erzählte später, dass diese eine Intuition ihm 8 Millionen
Dollar gebracht hätte aus allem, was daraus gefolgt war.

„The Secret" wurde als „Selbsthilfe-Phänomen", „Buchhandels-Phänomen" und „kulturelles Phänomen" bezeichnet und hat 65 Millionen $ Umsatz gemacht.

Das begleitende Buch „The Secret" von Rhonda Byrne wurde in 50 Sprachen übersetzt und mehr als 30 Millionen mal verkauft.

Ich erzähle dir diese Geschichte, weil sie zwei wichtige Komponenten des erfolgreichen Zielesetzens enthält.

Der Intuition folgen

Die eine Komponente ist, dass Jack entschied, seiner Intuition statt seinem Plan zu folgen und Rhonda Byrne in sein neu gegründetes Transformational Leadership Council einzuladen. Dadurch hatte Rhonda Zugang zu vielen namhaften Vertretern ihrer Botschaft und diese wurden durch ihr Auftreten in dem Film „The Secret" weltbekannt. Die Intuition an die erste Stelle zu setzen ist eine der Kernkompetenzen des Gesetzes der Anziehung. Jack Canfield wendete an, was er seit Jahren lebte, lernte und unterrichtete.
Du denkst jetzt vielleicht: Was nützt mir das? Ich bin nicht Jack Canfield. Die Frage ist berechtigt. Aber ich möchte nicht, dass dieser Gedanke dich ausbremst. Jack Canfield ist wie du und ich. Er wuchs auf in einer armen, ländlichen Gegend mit einem gewalttätigen Vater und einer alkoholkranken Mutter. Er wurde so erfolgreich, weil er nicht den üblichen Erfolgsweg einschlug, sondern weil er das Gesetz der Anziehung lernte bei meisterhaften Lehrern wie W. Clement Stone und weil er es anwandte und weitergab.
Die Frage ist: Ist Jack Canfield so erfolgreich, weil er Jack Canfield ist? Oder ist Jack Canfield so erfolgreich, weil er die Gesetze des Erfolges anwandte? Wenn du die zweite Frage mit Ja beantwortest, hast du die Möglichkeit, dasselbe zu tun und zu erreichen. In diesem Buch zeige ich dir, wie das geht.
Die andere Komponente, die „The Secret" so erfolgreich gemacht hat, war:

Ein pures Motiv und unerschütterliches Vertrauen

Jack Canfield schreibt in einem Artikel in der TIME 2007 über Rhonda Byrne: „Sie schien in einem ständigen Zustand von Glückseligkeit zu sein. Auch wenn das Filmmaterial ausging, das Geld fehlte und ihr Vertrag mit dem Fernsehen kippte, für sie war es immer „perfekt.„ Sie strahlte ein Vertrauen aus, dass das Universum sich perfekt um alles kümmern wird. Hindernisse, die die meisten Menschen umhauen würden, schienen sie nicht zu irritieren. Sie machte einfach weiter, im freudigen Vertrauen, dass alles gut gehen würde. Ich werde oft gefragt, warum *The Secret* ein solches Phänomen ist. Es liegt hauptsächlich daran, dass Byrnes Liebe und Freude durch jedes Bild und jede Zeile hindurch strahlen. Ihr Motiv war pur und einfach – sie wollte das Leben von so vielen Menschen wie möglich verbessern."

Rhonda Byrne glaubte unerschütterlich an den Erfolg.

Sie verkörperte die Grundformel des Gesetzes der Anziehung: Bitten – Glauben – Empfangen.

Rhonda Byrnes „Ich kann das" ist die Fähigkeit zu glauben, dass sie das, worum sie bittet, bekommen wird.

Im vierten Schritt der Heldenreise trainierst du deine Fähigkeit zu bitten, zu glauben und zu empfangen.

Das Gesetz der Anziehung ist nichts Neues. Die Bibel ist ein Handbuch des Gesetzes der Anziehung. Auch die Grundformel des Gesetzes der Anziehung „Bitten – Glauben – Empfangen" ist nichts Neues.

Du findest sie in Matthäus 21, 22: „Alles, was ihr bittet im Gebet, so ihr glaubet, werdet ihr's empfangen."

Jamaika – Ich bin beschützt

Etwas sehr Seltsames ist eben passiert, während ich dieses Kapitel schreibe. Das Haus in Jamaika, in dem ich lebe, erzittert. Erst fühlt es sich an wie ein mächtiger Wind, dann fühle ich, wie die Mauern und das Fundament des Hauses zittern. Mir wird bewusst, dies ist kein Sturm, sondern ein Erdbeben. Während das Haus zittert, überkommt mich eine große Ruhe. Werden die Mauern fallen? Wird die Decke fallen? Werde ich verletzt werden? Eben habe ich noch geschrieben, dass ich beschützt bin.
Die Mauern zittern. Ich fühle mich beschützt. Die Einheimischen nennen ihre Insel „The Rock", den Fels.
Der Fels ist unerschütterlich.

„Wenn du 100 %
kommittet bist und
glaubst, wirst du einen
Weg finden. Es gibt
immer einen Weg.“

Benjamin Hardy

2 · Es gibt immer einen Weg

Manifestieren: Der größte Fehler

Am Nachmittag schickt mir mein guter Freund John Wray Videos von den Auswirkungen des Erdbebens in Jamaika. In den Supermärkten fielen die Dosen und Flaschen aus den Regalen, aber niemand wurde verletzt.

Im vierten Schritt der Heldenreise lernst du das Manifestieren. Du bist schon auf dem Weg dahin. Du hast einen Ruf erhalten. Du hast den linearen Weg des Erfolges schon verlassen. Du hast die Frage: „Wer bin ich?" und „Was will ich?" an die erste Stelle gesetzt. Es geht dir nicht um irgendeinen Erfolg, sondern ganz allein um deinen Erfolg. Es geht dir nicht darum, was andere für dich wollen oder was du für andere willst, sondern um deine einzigartige Vision.

Bevor wir weitergehen, prüfe noch einmal deine Klarheit in den ersten drei Schritten.

 Wer bist du?

 Was ruft dich?

 Was blockiert dich?

Kannst du die Fragen klar und einfach beantworten?
Wenn nicht, nimm dir Zeit dafür, bevor du weitergehst.

Einer der großen Unterschiede zwischen dem linearen Ziele erreichen und dem Manifestieren ist, dass du selbst wächst, während du deine Ziele erreichst.

Beim Manifestieren ist das Ziel ein Nebeneffekt. Der hauptsächliche Gewinn ist, dass du selbst eine andere/ein anderer wirst. Jemand, der nicht nur ein bestimmtes Ziel erreichen kann, sondern der grundsätzlich gelernt hat, wie man Ziele erreicht.

Du kannst es dir so vorstellen: Du musst eine Rede halten auf Französisch. Du kannst kein Französisch. Aber jemand hat dir die perfekte Aussprache beigebracht, du kennst den Inhalt, du kannst Gefühl hineinlegen. Du lieferst eine perfekte Rede auf Französisch ab. Aber du kannst kein Französisch. Wenn jemand dir eine Frage auf Französisch stellt …

Wenn du lernst, wie du ein bestimmtes Ziel erreichst, heißt das noch nicht, dass du allgemein etwas über das Ziele erreichen gelernt hast. Auch wenn du schon viele Ziele erreicht hast, hast du nicht gelernt, wie man Ziele allgemein erreicht.
Das allgemeine Ziele erreichen ist eine eigene Fähigkeit. Die du in diesem Buch kennenlernst.
Du hast vielleicht gelernt, wie du die meiste Zeit erfolgreich am Ziel ankommst. Aber deine Ziele sind immer ungefähr gleich groß. Sie werden nicht wirklich größer. Du kannst deine Reden auf Französisch halten, aber du kannst kein Französisch.

Die allgemeinen Gesetze des Zieleerreichens gehören zum Kern des „Ich kann das", das ich dir hier vermitteln möchte.

„Ich kann das" ist eine Fähigkeit, die du auf alles anwenden kannst.

Dazu lade ich dich in diesem Buch ein. Die Grundfähigkeit des unaufhaltsamen Erfolgs zu lernen, die du dann auf alles anwenden kannst. Auf Erfolg in egal welchem Gebiet. Geld, Liebe, Spiritualität oder Kaninchen züchten.

Ich möchte dir die Geschichte von Beate erzählen. Beate hatte das Buch „The Secret" gelesen und das Buch „Bestellungen beim Universum" von Bärbel Mohr und auch Bücher von Esther und Jerry Hicks. Sie spürte, dass da etwas Wahres drin steckte, das sie schon ihr ganzes Leben lang gefühlt hatte. In diesen Büchern geht es um das Manifestieren. Darum, wie man mit Gedanken Wirklichkeit erschaffen kann.

Beate probierte es aus. Sie stellte sich vor, wie sie am Samstagabend einen Parkplatz vor dem Restaurant fand, wo es um diese Uhrzeit nie Parkplätze gab, – und prompt wurde ein Parkplatz frei, als sie mit ihrem Mann vor dem Restaurant vorfuhr. Sie war begeistert.

Als Nächstes stellte sie sich vor, wie sie das perfekte Kleid für eine Abendeinladung fand und zwar ohne lange suchen zu müssen. Es hing im Schaufenster des zweiten Kleiderladens, auf den sie zusteuerte – und es passte perfekt.

Bei Esther Hicks hatte sie diesen eindrucksvollen Satz gelesen: „It is as easy to create a castle as a button. It's just a matter of whether you're focused on a castle or a button." (Es ist genauso leicht, ein Schloss zu manifestieren wie einen Knopf. Es geht nur darum, ob du dich auf einen Knopf oder auf ein Schloss fokussierst.)

Beate beschloss, nicht nur einen Knopf in Form eines Parkplatzes zu manifestieren, sondern etwas in der Größe eines Schlosses. Sie träumte schon lange davon, ihren Beruf zu wechseln. Statt Steuerfachangestellte zu sein, wollte sie mit Tieren arbeiten und Tierheilpraktikerin werden. Auch das gelang ihr. Vom ersten Tag ihrer Ausbildung an war sie von Freude erfüllt und das Lernen fiel ihr sehr leicht. Sie schloss die Ausbildung als eine der Besten ab.

Am Tag ihres Abschlusses machte sie eine erschreckende Entdeckung.

Ihr Mann hatte eine Geliebte. Und nicht nur irgendeine Geliebte, sondern eine Frau, die aussah wie sie und deren Persönlichkeit wie eine niederträchtige Version ihrer selbst war.

„Du hast nicht gemerkt, wie es mir ging", sagte ihr Mann. „Du hast dich
so sehr verändert, dass ich dich nicht wiederfinden konnte. Ich habe mich
völlig allein gelassen gefühlt."

„Aber ich war doch immer da. Wir haben doch dieselben Sachen gemacht
wie immer", erwiderte sie.

„Nach außen Ja, aber du warst nur noch eine Hülle. Du warst nicht mehr
du selbst."

Beate wurde krank und fiel in eine tiefe Depression. Sie fühlte sich, als
hätte jemand die Luft aus dem Luftballon herausgelassen. Wo war jetzt ihre
unglaubliche Energie? Ihre Leichtigkeit? Ihr Schloss?

Beate fiel auf, dass sie auf dem Weg in das neue Leben nicht nur ihren Mann,
sondern auch ein paar Freunde verloren hatte.

Die Beziehung zu ihrer Mutter hatte sich jedoch erstaunlich verbessert.

Als Beate zu mir ins Coaching kam, entdeckten wir etwas, das vielen Menschen
passiert, wenn sie den Mut haben, große Ziele zu erreichen. Sie verändern
sich. Und merken es nicht. Aber ihr Umfeld merkt es.

**Wenn du im Modus des unaufhaltsamen Erfolgs unterwegs bist zu einem
großen Ziel, wirst du dich verändern. Du entwickelst ein hochprozentiges
„Ich kann das". Du versetzt Berge.**

Beate hatte sich, als sie das Manifestieren übte, nicht für ein Ziel entschieden,
das in ihrer üblichen Reichweite lag, sondern für ein Ziel, für das sie Berge
versetzen musste. Der Berg, der versetzt werden musste, war in dem Fall
Beate selbst. Der Berg Beate ließ einen alten Standort, das Steuerbüro, und
eine alte Identität, die Steuerfachangestellte, hinter sich. Und die Ehefrau,
die ihr Mann einmal geheiratet hatte.

Warum aber verbesserte sich dadurch die Beziehung zu ihrer Mutter?

In ihrer Depression wurde Beates Mutter ihr einziger Lichtblick, auch wenn Beate nicht verstand, warum. Seit Beate ein Teenager war, hatte ihre Mutter an Beate herumzumäkeln gehabt. Sie bezeichnete Beate als rebellisch, störrisch und unangepasst. Mehrmals hatte sie sogar gesagt: „Ich will dich nicht mehr sehen, du bist unerträglich. Alles geht immer nur nach deinem Kopf."
„Das war so unfair", sagte Beate. „Ich habe alles getan, was sie wollte, auch den Beruf im Steuerbüro habe ich gewählt, weil sie wollte, dass ich etwas Sicheres habe. „Steuern wird es immer geben, hat sie gesagt." Ich konnte sehen, wie Beate sehr wütend wurde. Sie wachte aus ihrer depressiven Stimmung auf. Ein riesiger Schwall an Zorn, Frustration und Traurigkeit brach aus ihr hervor.

„Ich verstehe das nicht", sagte Beate schließlich, „fast alle in meinem Umfeld sind irritiert, nur meine Mutter ist plötzlich zufrieden und glücklich mit mir. Gerade dann, wenn ich das erste Mal in meinem Leben wirklich etwas für mich mache."

Es gibt Menschen, die mögen uns für das, was wir tun – und es gibt Menschen, die mögen uns für das, was wir sind. Dieser Unterschied fällt uns in der Regel erst auf, wenn wir uns mehr dem zuwenden, was wir sind, als dem, was wir tun.

Beates Mutter liebte sie für das, was sie war. Der Grund für ihre jahrelange Mäkelei war, dass sie intuitiv spürte, dass in Beate etwas anderes schlummerte. Aber dieses andere macht ihr selbst so viel Angst, dass sie Beate davor bewahren wollte. Es war der innere Konflikt der Mutter, die ihr Kind beschützen wollte und die sich zugleich wünschte, dass ihr Kind sein Glück fand. Die Mutter spürte, dass Beate jetzt auf dem richtigen Weg war.

Wenn ich in mein größtes „Ich kann das" hineinwachse, wird es Menschen geben, die mich verlassen, aber auch Menschen, die sich für mich freuen.

Beate hatte auf ihrem Weg zum Ziel nicht bemerkt, wie sehr sie sich veränderte und welche Auswirkungen das auf ihre Umwelt hatte. Sie hatte die Rolle der alten Beate weitergespielt, aber die Menschen, die ihr nahe waren, hatten ihr das nicht abgenommen.

Nachdem Beate sich das Ausmaß ihrer Veränderung bewusst gemacht hatte, konnte sie ehrlich auf ihren Mann und ihre Freunde zu gehen. Dabei machte sie eine erstaunliche Entdeckung.

„Das größte Abenteuer,
das du je unternehmen
kannst, ist, das Leben
zu leben, das du
dir erträumst.“

Oprah Winfrey

Menschen, die unser Glück wollen

3 · Menschen, die unser Glück wollen

Der Weg zum unaufhaltsamen Erfolg ist gepflastert mit Beziehungskonflikten. Es ist auffällig, dass Brian Tracy, einer der einflussreichsten Business coaches der Welt, sagt: „90 % of all problems come with hair on top" (90 % aller Probleme haben Haare auf dem Kopf). Und es ist auffällig, dass in den meisten herkömmlichen Erfolgsratgebern Probleme, die Haare auf dem Kopf haben, kaum eine Rolle spielen. Diese 90 % wichtigsten Probleme werden meist am Rande beschrieben und als Lösung werden nichts sagende Allgemeinformeln angeboten wie: Wenn du dich positiv entwickelst, entwickeln sich auch deine Beziehungen positiv. Wenn dein Business erfolgreich ist, sind auch deine Beziehungen erfolgreich, glücklich und du wirst unerschütterlich geliebt.

Dabei wird nicht erwähnt, dass die meisten Menschen sich auf den Weg zum Erfolg machen, weil sie sich wünschen, unerschütterlich geliebt zu werden. Wenn sie sich auf den Weg in den Erfolg machen, erleben sie jedoch oft das Gegenteil: Ihre Beziehungen bröckeln, Neid und Missgunst, Kritik und Warnungen prasseln auf sie ein und sie fragen sich: Wie habe ich das verdient? Ich wollte doch nur das Beste.

So ging es auch Beate. Beate hatte ihre Traum-Ausbildung als Tierheilpraktikerin abgeschlossen und entdeckt, dass ihr Mann eine Geliebte hatte. Einige Freunde wendeten sich von ihr ab oder wurden übermäßig neidisch und nannten sie egoistisch. Nur ihre Mutter, mit der sie zuvor überhaupt nicht klar kam, hielt zu ihr.

Im Schritt vier der Heldenreise geht es darum, von dem neuen Leben nicht nur zu träumen, sondern es zu leben. Was die meisten dabei vergessen ist, dass eine große äußere Veränderung eine große innere Veränderung mit sich bringt.

Beate sagte zu mir: „Wenn ich jetzt auf alles schaue, was passiert ist beim Manifestieren meines neuen Lebens, kann ich sagen, dass die innere Veränderung die größte Herausforderung war. Und ich bin erst am Anfang."

Beate war zu mir gekommen, weil ihre Ehe kurz vor dem Scheitern war.
„Ich beginne meinen Mann zu verstehen", sagte sie. „Er hat die Frau, die er kannte und liebte verloren."
„Liebst du deinen Mann?", fragte ich sie.
„Ja!", platzte es aus ihr heraus.
Beate machte eine Entdeckung, die alle Menschen machen, die sich für sich selbst entscheiden: Liebe ist eine Resonanz.
Etwas verbindet uns mit einem anderen, das unser Verstand nicht erklären kann. Und auch nicht erklären muss. Wir fühlen uns mit diesem Menschen zu Hause, wir fühlen uns richtig, etwas zieht uns an, das wir nicht kontrollieren können. So wie das Pferd, das vom anderen Ende der Weide unvermittelt auf mich zugelaufen kam, ohne mich zu kennen. Es spürte eine Resonanz.

Wenn es zu einer Krise kommt, zerbrechen die Beziehungen, die auf äußeren Motiven beruhen. Sie zerbrechen, weil die Motive wegfallen. Das passiert zum Beispiel, wenn wir den Arbeitsplatz wechseln.
Die Beziehungen, die auf Resonanz beruhen, werden erschüttert, aber sie finden ein neues Gleichgewicht. Die Resonanz, die Schwingung ist etwas, das unabhängig ist von äußeren Umständen.

So war es auch zwischen Beate und ihrem Ehemann. Ihre Ehe war auf Liebe gebaut und nicht auf äußeren Motiven. Beate hörte auf, die alte Beate zu spielen und fing an, die neue Beate zu sein. Ihr Mann lernte sie neu kennen.

„Unsere Liebe ist tiefer geworden", sagte Beate. Ich bin jetzt die, die ich wirklich bin und auch Bernd hat mehr zu sich gefunden."

Beate hatte aber noch eine Entdeckung gemacht und die hatte mit ihrer Mutter zu tun.

„Ich kann einfach nicht glauben, dass ausgerechnet meine Mutter jetzt glücklich ist", sagte Beate. „Und ich bin so dankbar. Sie war mein größter Stolperstein."

Um das besser zu verstehen, muss ich wieder die Tiere ins Spiel bringen. Tiere, und auch Menschen, sind energetisch verbunden und nähren sich gegenseitig durch liebende Energie. Diese Grundverfassung unseres Seins gerät ins Vergessen, wenn wir durch gesellschaftliche Spielregeln, Kontrolle und Anpassungszwang immer mehr unsere einzigartige Persönlichkeit verlieren.

Wir verlieren das Authentische und werden zu konditionierten Automaten, die antrainierte Gedanken, Gefühle und Handlungen abspulen. Wir merken das gar nicht. Tiere jedoch merken es. Sie reagieren darauf mit Aggression, Irritation, Traurigkeit oder Krankheit. So geht es auch manchen Menschen. Zu diesen Menschen gehörte Beates Mutter.

Es gibt Menschen, die, wie die Tiere, ein starkes Gefühl für das Authentische haben. Und ein starkes Bedürfnis von anderen authentischen Lebewesen umgeben zu sein. Die meisten Tierliebhaber gehören dazu und es ist auch der Grund, warum sie Tiere lieben und die Nähe von Tieren suchen. Sie suchen das Authentische.

Wenn du dich auf den Weg zu dir selbst machst, ist es wichtig, nach authentischen Menschen Ausschau zu halten, die mit dir in Resonanz sind. Der Weg in den unaufhaltsamen Erfolg ist ein Weg in die authentische Energie, in dein einzigartiges Sein.
Authentische Menschen freuen sich, wenn du erfolgreich bist, weil du tust, was du liebst. Es ist ihr größtes Bedürfnis.

Beates Mutter hatte ein Leben lang an ihr herumgemäkelt, weil Beate sich zu sehr angepasst hatte.

„Aber sie selbst war es doch, die das verlangt hat", sagte Beate, als wir diesen Punkt ausgruben. „Sie wollte, dass ich einen sicheren Beruf lernte." Einen Moment später seufzte Beate. „Meine Mutter wusste genauso wenig wie ich, was das Richtige für mich war. Erst als es da war, konnte sie es erkennen."

Das „Ich kann das" ist die Fähigkeit, die Menschen zu finden, die dein Glück wollen, weil es auch ihr Glück ist.

Wenn du diese Menschen findest, wird dein Erfolg unaufhaltsam. Ohne diese Menschen wird es sehr viel schwerer. Deshalb ist es wichtig, herauszufinden, wer diese Menschen in deinem Leben sind oder wie du sie finden kannst. Damit löst du 90 % aller Erfolgsprobleme, wie dir Brian Tracy, einer der bekanntesten Erfolgslehrer der Welt, gern bestätigt.

Nachdem wir die wichtigsten 90 % angesprochen haben, geht es darum, ein konkretes Ziel für dich zu finden, das einen unaufhaltsamen Erfolg in Gang bringt.

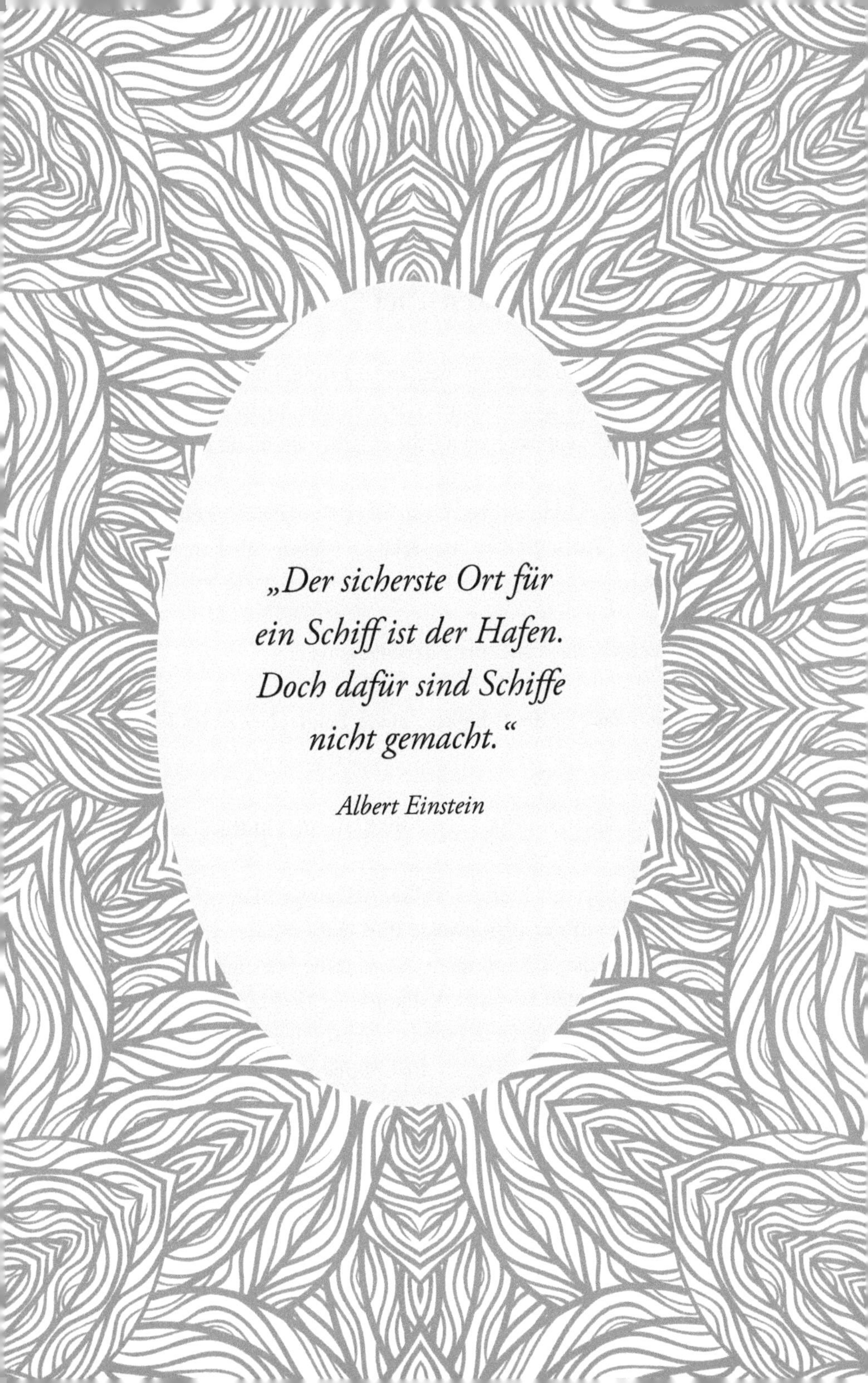

„Der sicherste Ort für
ein Schiff ist der Hafen.
Doch dafür sind Schiffe
nicht gemacht.“

Albert Einstein

4 · Finde ein Heuschrecken-Ziel

Finde ein Heuschrecken-Ziel

Du bist auf dem Weg in den unaufhaltsamen Erfolg. Dieser Erfolg ist etwas Einzigartiges, noch nie Dagewesenes, das niemand überprüfen kann außer dir selbst. Du bist die einzige Instanz, die entscheidet, ob du erfolgreich bist oder nicht.
Diese Art Erfolg ist ein Heuschrecken-Erfolg im Vergleich zu einem Schnecken-Erfolg. Die Qualität einer Schnecke ist wichtig, aber sie steht nicht an erster Stelle.

An erster Stelle steht der Landeplatz der Heuschrecke.

Dein „Ich kann das" ist die Fähigkeit, einen Landeplatz zu finden für die Heuschrecke in dir.

Ich möchte dir erzählen, wie das Leben mir dazu eine eindrückliche Lektion erteilt hat.
Bei einem Workshop mit Pferden wollten wir unsere Führungsqualitäten testen. Wir waren auf der Pferdeweide und jeder sollte sich ein Ziel aussuchen. Das konnte der Wasserbottich sein oder die Fressstelle oder auch die einzige Wolke am blauen Himmel. Vollkommene Freiheit in der Wahl des Ziels. Eben das, was am meisten Freude macht. Ich wählte die Fressstelle. Als Nächstes ging es darum, wie ich die Gruppe von zehn Menschen dort hin führen wollte.

Ich sagte mir: ‚Ulrike, heute machst du es mal anders. Du bleibst nicht bei jedem Schritt stehen und schaust, ob alle mitkommen. Das hast du gemacht, als du kleine Kinder hattest, aber das hier sind Erwachsene. Kaum hatte ich den Gedanken zu Ende gedacht, meinte der innere Kritiker: ‚Niemand wird mitkommen. Du wirst allein und einsam an deiner Fressstelle ankommen und weinen. So wie immer.‘ Der nächste Gedanke war: ‚Ich habe keine Lust mehr zu warten. Ich will losgehen. Sonst platze ich. Es ist mir egal, wer mitgeht.‘ Ich ging los. Ich drehte mich nicht um. Es fühlte sich gut an. Ich kam an meinem Ziel an. Ich drehte mich um. Alle standen hinter mir und sahen mich neugierig an. Waltraud, die Schamanin, öffnete ihre Hand: Eine Heuschrecke saß darin. Ich war glücklich.

Ein Heuschrecken-Ziel ist ein Ziel, das man wählt und dann hinspringt.

Das „Ich kann das“ ist die Fähigkeit, ein mutiges Ziel zu finden.

Ein mutiges Ziel ist ein großes Ziel. Für kleine Ziele brauchen wir keinen Mut. Da genügt Ausdauer.
Also: Was ist dein großes Ziel? Du kannst es dir vorstellen wie die Wunschliste für den Weihnachtsmann. Du machst die Liste und fragst dich dann: Welches ist der Nummer eins Wunsch? Den nimmst du.

Nur so am Rande: Wenn deine Wunschliste groß ist und du dich nicht entscheiden kannst für einen Wunsch, erinnere dich daran, dass in deinem Magen nur so und so viel Platz ist, dass der Tag nur 24 Stunden hat und du Schlaf brauchst. Du willst nicht, dass alle deine Wünsche erfüllt werden. Du willst dir nicht an einem endlosen Buffet den Magen verderben. Ein großer Wunsch ist mehr als viele kleine.

Wenn du einen Wunsch gefunden hast, schaue ihn so lange mit deinem inneren Auge an, bis er ein Gesicht hat. Bis er ein Landeplatz ist. Du erkennst es daran, dass du den Landeplatz beschreiben kannst und dass es ein Datum für deine Landung gibt.

Zum Beispiel:

5 Millionen EUR Vermögenswert am 31. Dezember in 5 Jahren.

Oder: Verheiratet mit dem Mann oder der Frau meiner Träume am 14. Februar in 2 Jahren.

Oder ein Haus auf dem Mars … am …

Stelle dir das Ziele finden vor wie das Finden deiner Traumarbeit, deines Lieblingswohnortes, und der Menschen, mit denen du dein Leben teilen möchtest. Denn du wirst dort ankommen. Auch wenn du das jetzt noch nicht glauben kannst.

Wenn du es jetzt schon glauben kannst, ist dein Ziel kein Heuschrecken-Ziel, sondern ein Schnecken-Ziel.

Ein Schnecken-Ziel hilft dir nicht, unaufhaltsamen Erfolg zu finden.

Deine nächste Aufgabe ist, lernen, zu glauben, dass du an deinem Ziel ankommen wirst.

Das „Ich kann das" ist die Fähigkeit zu glauben, dass du an deinem Ziel ankommen wirst.

Du erinnerst dich: Glauben kann Berge versetzen, nicht Anstrengung. Du kommst an deinem Ziel an, indem du deinen Glauben stärker machst.

Den Glauben zu stärken ist etwas vollkommen anderes als sich mehr anzustrengen. Mehr Anstrengung führt in den Burnout, mehr Glauben führt in die Liebe, das Glück und den unaufhaltsamen Erfolg.

Warum sind die Menschen mitgekommen bei meiner Führungsübung auf dem Weg zur Fressstelle? Sie spürten, dass mich etwas bewegte. Es war nicht die Fressstelle. Es war meine Angst, allein und einsam zu sein an meinem Ziel. Und noch mehr war es mein unbeirrbarer Wunsch, loszugehen für mich, hin zu einem klaren, eigenen Ziel.

Es war eines der wichtigsten Experimente meines Lebens, das sich auf zwanzig Metern mit zehn Menschen auf einer Pferdeweide abspielte. Auch wenn es nach außen hin unspektakulär erschien, was es für mich ein Durchbruch. Die Grundfrage meines Lebens stand auf dem Spiel: Kann ich tun, was ich mir wünsche, ohne am Ende einsam zu sein? Die Menschen wussten nichts von meinen Gedanken und meinen Gefühlen, aber sie spürten, dass für mich eine Menge auf dem Spiel stand. Das machte sie neugierig.
Und ich selbst war neugierig. Würde es mir gelingen?

Das „Ich kann das" ist die Fähigkeit, ein Ziel zu finden, das dich neugierig macht.

Macht dein Ziel dich neugierig? Dann erzähle ich dir im nächsten Kapitel, wie es weitergeht mit deinem Ziel.

„Der höchste Grad der
Arznei ist die Liebe.“

Paracelsus

Der 5. Schritt

Die Verbindung

1 · DER VERSTAND KANN UNS NICHT GLÜCKLICH MACHEN

Der fruchtbare Boden ist die Liebe.

Wenn man, wie ich, viele Menschen begleitet hat auf dem Weg in ihr Glück, bei der Bewältigung scheinbar unlösbarer Probleme, fallen einem bestimmte Gesetzmäßigkeiten auf. Eine davon hat die Überschrift:
„Das hätte ich nie gedacht."
Der Verstand kann uns nicht glücklich machen.
Glücklich sind wir in seiner Abwesenheit.
Rhonda Byrne lag 100 % richtig mit ihrem Titel „The Secret". Was Erfolg, Liebe, Glück und Heilung ausmachen sind immer noch zu großen Teilen geheime, das heißt öffentlich nicht weit verbreitete Gesetzmäßigkeiten. Nicht, weil sie mit aller Macht geheim gehalten werden. Das wurden sie Jahrhundertelang in Geheimbünden, Mysterienzirkeln und Geheimschriften. Aber die Zeiten sind vorbei. Die Geheimnisse sind offen zugänglich für jedermann. Das waren sie auch schon immer. Alles, was es für den unaufhaltsamen Erfolg braucht, steht in der Bibel oder im Tao Te King, es wird erzählt und offenbart in den griechischen Mythen, und in viele anderen spirituellen Ratgebern weltweit. Es wird auch erzählt in jeder guten Geschichte, jedem Roman und jedem Film.

Die Herausforderung ist die Anwendung.
Die Anwendung ist viel herausfordernder als das Wissen. Das Wissen selbst hat wenig Wert. Wir wissen sehr viel und jeden Tag kommt mehr dazu, aber wir wenden nur sehr wenig davon an.
Es ist wie ein Samenkorn, das auf den Boden fällt. Wissen, das auf den Boden des gelebten Alltags fällt.

Das Samenkorn fällt entweder auf steinigen Boden und verdorrt (eingeschliffene Gewohnheiten), oder es landet im Gestrüpp und wird überwuchert von Unkraut (mehr nutzlosem Wissen) oder es fällt auf fruchtbaren Boden (Glauben) und kann wachsen. Wenn es wächst, bringt es neue Samen hervor. Unaufhaltsamen Erfolg.

In diesem Gleichnis aus der Bibel (Markus 4) ist nicht nur das Geheimnis des unaufhaltsamen Erfolges enthalten, sondern auch das Grundprinzip der Persönlichkeitsentwicklung: Der fruchtbare Boden, das bist du. Wenn du ein fruchtbarer Boden bist, kann das Wissen sich in unaufhaltsamen Erfolg verwandeln.

Ich möchte dir im fünften Schritt deiner Heldenreise von dem fruchtbaren Boden erzählen, auf dem dein Samenkorn wächst.

Dein Samenkorn ist das Ziel, das du gewählt hast. Dein Ziel braucht den fruchtbaren Boden, damit es wachsen kann und viele neue Ziele hervorbringen.

Du lernst hier nach dem Prinzip: Ich muss nur das eine Wichtigste kennen.

Das eine Wichtigste, was den fruchtbaren Boden angeht, ist:

Der fruchtbare Boden ist die Liebe.

Das „Ich kann das" ist die Fähigkeit, in allem, was ich tue, aus Liebe zu handeln.

Der fruchtbare Boden ist das Unbewusste in dir, das dein Denken, Fühlen und Handeln steuert und das deine Ergebnisse hervorbringt. Die 95 %, die deinen Alltag bestimmen. Ist dein unbewusster Boden fruchtbar? Ist er harter Stein? Gestrüpp? Oder sind deine unbewussten 95 % Liebe?

John und Joy Wray

Gestern habe ich meine wunderbaren Freunde John und Joy besucht. Ich schreibe meine Bücher in Zusammenarbeit mit dem Leben und der Quelle. Ich umarme, was mir das Leben schickt, damit es in das Buch kommt und zu den Lesern, für die es bestimmt ist.

John und Joy waren schon in einem anderen Buch von mir dabei. Und auch diesmal haben sie dem Buch wieder zwei große Goldstücke geschenkt. John und Joy sind 84 Jahre alt. Sie sind seit 58 Jahren verheiratet und eines der glücklichsten Paare, das die Welt gesehen hat. Jeder, der sie kennenlernt, sagt: „Das möchte ich auch. Diese bezaubernde lebenslange Liebe."

John ist gebürtiger Jamaikaner und Joy ist auf der Karibikinsel Barbados aufgewachsen. Sie haben ihr Arbeitsleben in Nottingham, England, verbracht und leben seit dreißig Jahren in Ocho Rios, Jamaika. Dort habe ich sie kennengelernt.

John hat mir gestern erzählt, wie es war, in Jamaika auf dem Land aufzuwachsen. „Wir hatten kein fließendes Wasser, keine Elektrizität, kein Radio, kein Fernsehen und sehr wenig Geld. Jeden Morgen bin ich eine Meile gelaufen, um Milch zu holen. Dann bin ich eine Meile in die Schule gelaufen. Mittags bin ich eine Meile nach Hause gelaufen, um etwas zu essen und dann wieder eine Meile in die Schule zurück. Manchmal hat mir mein Onkel einen Penny geschenkt, dann konnte ich in der Schule ein Brot kaufen. Das waren die besten Tage. Wir waren glücklich, wir kannten nichts anderes, wir haben viel gespielt."

John ist einer der glücklichsten Menschen, die ich kenne. Er scheint die Sonne verschluckt zu haben, er lacht bei jeder Gelegenheit aus tiefstem Herzen heraus. Auch wenn sein Leben nicht immer einfach war, gibt es nichts, worüber ich ihn je habe klagen hören.

Gestern habe ich John eine Frage gestellt, deren Antwort mich nachdenklich gemacht hat:

„Was glaubst du, haben die Menschen verloren in all der Veränderung, die passiert ist, seit der Zeit, in der du ein Kind warst?"

Er sagte: „Vieles hat sich verbessert. Es ist viel leichter geworden. Aber die Menschen können nicht mehr mit „hardship" umgehen. Wenn es schwierig wird, geben sie schnell auf."

Dann erzählte er mir von einem Gärtner. „Der Gärtner sagte, du darfst der Pflanze nicht zu viel Wasser geben. Wenn sie kein Wasser bekommt, sucht sie das Wasser im Boden. Dann wachsen ihre Wurzeln. Wenn du ihr zu viel Wasser gibst, bildet sie zu wenig Wurzeln, sie wird zu groß und fällt um."

Das „Ich kann das" ist die Fähigkeit, mit harten Umständen umzugehen, ohne hart zu werden.

Das „Ich kann das" ist die Fähigkeit, das Wasser aus dem Boden zu ziehen und Wurzeln wachsen zu lassen, statt im Sichtbaren so groß zu werden, dass du umfällst.

Diese beiden Fähigkeiten gelten besonders für die Liebe.

Später habe ich mich mit Joy unterhalten. Ich sagte: „Viele Menschen, die zu mir kommen, sind müde und erschöpft – das Leben ist zu anstrengend, die Anforderungen zu hoch, alles wird immer schneller und die Menschen können nicht mehr mithalten. Das ist im Moment eine große Herausforderung."

Mit Joy gehe ich samstags in die Kirche. Joy gehört der Siebentagesadventisten -Kirche an, die in Jamaika sehr verbreitet ist. Joy hat dann jedes Mal eine große Bibel mit groß gedruckten Buchstaben dabei. Jedes Mal, wenn der Prediger eine Bibelstelle erwähnt, blättert sie und findet die Stelle und ich sehe dann, dass viele Zeilen in ihrer Bibel mit Kuli oder Bleistift unterstrichen sind.

Joy sieht mich an, nachdem ich ihr von dem Burnout-Problem in der industrialisierten Welt erzählt habe. Ich sehe, wie sie nachdenkt. Dann kommt sie zu einem Ergebnis: „Das habe ich nie gemacht, ich habe mich nie überanstrengt." Sie lacht.

Das „Ich kann das" ist die Fähigkeit, dich nicht zu überanstrengen. Auch nicht für die Liebe.

„Wir sind nicht auf
unserer Reise, um die
Welt zu retten, sondern
uns selbst. Aber in dem
du das tust, rettest du
die Welt.“

Joseph Kempe

2 · Wenn das Licht dich blendet

Wie ehrlich nimmst du dich selbst und andere wahr?

Unaufhaltsamer Erfolg ist nichts anderes als bewusste Wahrnehmung. Erfolg ist überall, wir müssen ihn nur wahrnehmen. Und hier liegt die Herausforderung. Wir nehmen den Erfolg nicht wahr, weil das, was wir sehen würden, uns Angst macht. Nicht, weil es schrecklich ist, sondern weil es so schön ist, dass wir uns klein und unwürdig fühlen. Wenn du jetzt sagst, das gilt nicht für mich, dann hast du noch keinen echten Erfolg gesehen, nur Mini-Erfolg, Prisen-Erfolg, Wohlfühl- Erfolg. Keinen ERFOLG. Wir wünschen uns den Erfolg, aber wir sind nicht bereit für die Veränderung, die er für uns bedeutet.

Das stelle ich voraus, bevor wir tiefer einsteigen. Ich möchte, dass du vorbereitet bist, wenn das Licht dich blendet – und du die Sonnenbrille nicht findest. Ich möchte, dass du diese Angst erkennst als das Kennzeichen, dass der unaufhaltsame Erfolg in dir arbeitet.

Wenn du dein Ziel im Auge behältst, verschiebt sich deine Wahrnehmung immer mehr auf das, was deinem Ziel dient.

Ein Ziel zu erreichen bedeutet hauptsächlich, deine Wahrnehmung so lange auf das Ziel hin zu verschieben, bis dir das Ziel vor die Füße fällt.

Ein großes Ziel erreichst du nicht durch harte Arbeit, sondern durch nachhaltige Wahrnehmungsverschiebung.

Das „Ich kann das" ist die Fähigkeit, deine Wahrnehmung dahin zu verschieben, wo sich dein Ziel manifestiert.

Unaufhaltsamen Erfolg zu erleben bedeutet, mit den Augen des unaufhaltsamen Erfolgs wahrzunehmen.

Menschen, denen alles zu gelingen scheint, sind nicht fleißiger, selbstdisziplinierter oder gebildeter. Sie haben einen unerschütterlichen Glauben entwickelt, der sie die allgegenwärtige Fülle sehen lässt. Und sie haben ein klares Bewusstsein darüber, was sie sehen wollen und sehen es dann auch.

Alles, was du dir wünschst, ist schon da. Und wartet darauf, von dir gesehen zu werden.

Hier kommt der fünfte Schritt der Heldenreise ins Spiel: Die Verbindung. Wahrnehmen bedeutet zugleich wahrgenommen werden. Es ist etwas beidseitiges. Es ist eine Resonanz.

> *„Das, wonach du dich sehnst, sehnt sich auch nach dir".*
>
> Rumi

Du wünschst dir den Erfolg und der Erfolg wünscht sich dich.

Das „Ich kann das" ist die Fähigkeit, sich gewünscht zu fühlen.

Vieles, was wir als kleine Kinder tun, tun wir, um wahrgenommen zu werden, um Aufmerksamkeit zu wecken. Zurecht. Von anderen wahrgenommen zu werden ist ein Grundbedürfnis. Sehen und gesehen werden. Es ist nicht nur ein Grundbedürfnis, ohne das unsere Psyche nur schwer überleben kann, es ist auch ein Schlüssel für unaufhaltsamen Erfolg.

Unsere Wahrnehmung kann sich nur in dem Maße entwickeln, in dem wir wahrgenommen werden.

Wahrnehmen und wahrgenommen werden ist eine Herausforderung, denn wir haben zwar vollkommene Kontrolle darüber, wie wir wahrnehmen, aber keine Kontrolle darüber, wie wir wahrgenommen werden. Wir können nur darauf vertrauen, dass wir wohlwollend wahrgenommen werden. Wir können selbst wohlwollend wahrnehmen. Das erhöht die Chance, selbst wohlwollend wahrgenommen zu werden immens. Aber eine Garantie gibt es nicht.

Wie du wahrnimmst und wie du wahrgenommen wirst, spielt eine große Rolle, denn es erzeugt die Resonanz, in der die richtigen Dinge und Menschen zu dir kommen.

Ein positives Beispiel sind Tiere. Aus meiner Arbeit mit Pferden und als Tierkommunikatorin weiß ich, dass viele Menschen durch ihre Tiere die bedingungslose Liebe kennenlernen und sie zusammen mit ihren Tieren in großer Tiefe erleben, oft auch über den Tod hinaus. Tiere nehmen andere Wesen, egal ob Tier oder Mensch, in ihrem puren authentischen Sein wahr, ohne Urteil.
Tiere nehmen dein pures liebendes Sein auch dann war, wenn es dir selbst vollkommen unbewusst ist.
Der Magic Faktor kommt ins Spiel, wenn durch die positive Wahrnehmung des anderen, egal ob Tier oder Mensch, du selbst eine positive Wahrnehmung entwickelst.

Wenn dich ein anderer als liebendes Wesen sehen kann, kannst du es auch.

Das ist die Macht der beidseitigen Wahrnehmung. Die Macht der Resonanz.

Und genau diese Wahrnehmung möchte ich dir ans Herz legen, auf dem Weg zu deinem Ziel.

Menschen nehmen dich nicht so verlässlich in deinem puren authentischen Sein wahr wie Tiere. Aber wir können von Tieren einen wichtigen Faktor lernen, den wir auch auf menschliche Beziehungen übertragen können. Wenn ich mich selbst als pures authentisches Wesen wahrnehme, finden die Tiere sehr leicht Verbindung mit mir. Das gilt auch für die Menschen.
Wir können uns entscheiden, andere und uns selbst als authentische Wesen wahrzunehmen.

Die Liebe kommt, wenn wir andere und uns selbst als pure authentische Wesen wahrnehmen und wenn wir uns selbst als authentische Wesen wahrgenommen fühlen.

Wenn ich das tue, finde ich die Menschen, die mich auf dem Weg zu meinem Ziel so wahrnehmen, dass ich über mich hinauswachsen kann. Sie nehmen das authentische Potenzial in mir wahr. Diese Menschen fühlen, was ich mir wirklich wünsche, diese Menschen wollen, dass ich es erreiche. Diese Menschen nehmen meine Möglichkeiten wahr, oft schon bevor ich sie entdecke.
Ein guter Coach hat genau diese Fähigkeit, das Einzigartige in einem anderen zu sehen, das der Coachee noch nicht kennt – und sich aus ganzem Herzen zu wünschen, dass er es erreicht.

Das „Ich kann das" ist die Fähigkeit, die Menschen zu finden, die fühlen, was ich mir wirklich wünsche, und aus ganzem Herzen wollen, dass ich es erreiche.

Ich möchte dir wieder eine Geschichte erzählen.

Leila

Leila war eine Frau Mitte Dreißig, die in ihrem Leben schon viel erreicht hatte. Eine Karriere bei einer Investmentbank, ein Freundeskreis aus lieben Menschen und ein Verlobter. Leila wünschte sich ein Kind, aber ihr Verlobter zögerte – und das schon seit drei Jahren.

Leila stellte ihm ein Ultimatum. Er löste die Verlobung und trennte sich. Leila geriet in die größte Krise ihres Lebens. Ihr Freundeskreis entpuppte sich als wenig mitfühlend und die nächste Beförderung fiel aus, weil Leila einen Fehler gemacht hatte.

Aber wieder war das Leben gut zu Leila. Leila hatte das unerschütterliche Selbstvertrauen, dass alles immer gut ausging. Sie lernte Lisa kennen, eine Freundin, die so mitfühlend und liebevoll war, wie Leila es nie zuvor erlebt hatte. Durch die Liebe und Freundschaft zu Lisa kam Leila wieder auf die Füße. Sie lernte einen Mann kennen, der ganz anders war als ihr Verlobter und nicht in ihr erfolgsorientiertes Leben zu passen schien, aber er war sehr liebevoll und machte Leila Mut, ihren Weg weiter zu verfolgen.

Es gab nur eine Sache, die Leila sehr irritierte – und wegen der sie mich aufsuchte.

„Meine Freundin, Lisa, ist so fürsorglich und lieb zu mir, wie kein Mensch je zuvor. Sie hat mir sehr geholfen. Aber ich habe immer wieder sehr negative Gedanken und Gefühle ihr gegenüber. Ich denke, dass sie mich ausnutzt, dass sie einen finsteren Plan verfolgt und mich zerstören will. Ich glaube, etwas stimmt nicht mit mir. Ich kann echte Liebe nicht annehmen."

„Hast du ein konkretes Beispiel?", fragte ich Leila.

„Ja, zum Beispiel, wenn es um Carlos geht, meinen neuen Freund. Ich kann mir vorstellen, Kinder mit ihm zu haben, aber ich habe ihn noch nicht gefragt, ob er das auch will. Er hat schon zwei Kinder – und ich habe Angst, dass er Nein sagt. Wenn ich mit Lisa darüber rede, macht sie Carlos immer schlecht und sagt, dass er nicht der Richtige für mich ist."

Ich hörte, wie sie tief Luft holte. Dann fühlte ich eine große Schwere. Die positive, selbstbewusste Leila fiel in sich zusammen und Traurigkeit stand in ihrem Gesicht.

„Es macht mich so traurig", sagte sie. „Es ist das, was in meinem Leben immer wieder passiert. Menschen, die es so weit bringen wie ich, werden von den meisten anderen fallen gelassen. Ich dachte, mit Lisa wäre es anders, aber es ist wie immer. Wenn ich das tue, was ich wirklich will, bin ich allein. Und ich werde wohl auch kinderlos bleiben."

„Warum kinderlos?", fragte ich.

„Lisa hat recht. Carlos will keine weiteren Kinder. Schon gar nicht mit mir. Einer Frau, die lieber Karriere macht als Haus und Herd hütet."

Leila weinte.

„Warum gibst du Lisa recht?", fragte ich sie.

„Lisa will nur mein Bestes", war die Antwort.

„Bist du da sicher? Vorhin hast du vermutet, dass Lisa dich ausnutzen will."

„Ja, aber das ist nur meine Angst. Wenn man, wie ich, Karriere macht, muss man dauernd auf der Hut sein. Das hat mich misstrauisch gemacht. Lisa ist der liebenswerteste Mensch, den ich kenne. Ich bin sehr unfair zu ihr."

„Freut sich Lisa denn, dass du Carlos kennengelernt hast?"

„Nein. Sie hat mich von Anfang an gewarnt."

„Empfindest du das als liebevoll?"

„Ich weiß nicht. Ich denke schon. Sie will mich vor etwas bewahren."

„Was hättest du dir denn stattdessen gewünscht?"

Sie zögerte. „Ich weiß nicht, … ich hätte mir gewünscht, dass sie sagt: ‚Wow, ich freue mich für dich, dass du einen Mann kennen gelernt hast, den du sehr magst.'"

Leila atmete tief aus. Dann sah ich, wie es in ihr arbeitete. „Mir fällt jetzt noch etwas auf. Wenn ich ihr erzähle, wie mein Projektleiter mich lobt, dann sagt sie nie: Wow, das freut mich für dich. Sie hat gar keine emotionale Reaktion, wenn etwas Positives passiert. Wenn etwas nicht klappt, wie zum Beispiel die gescheiterte Beförderung, die mich sehr belastet hat, freut sie sich irgendwie, weil sie mich dann trösten kann. Deswegen glaube ich wohl, sie will mich zerstören, weil sie sich immer freut, wenn etwas schief geht. Weil sie sich dann wichtig fühlt. Dann tröstet sie mich und überschüttet mich mit Liebe und Fürsorge."

Ich glaube, du hast verstanden, worum es in Leilas Geschichte ging. Es geht um die Frage, ob die Menschen in deinem nahen Umfeld sich über deine Erfolge freuen oder über deine Misserfolge.

Das „Ich kann das" ist die Fähigkeit, dich mit Menschen zu umgeben, die sich über deinen Erfolg freuen, nicht über deinen Misserfolg.

In Jamaika habe ich das zum ersten Mal gehört: Menschen kommen in dein Leben „for a reason, for a season or forever (aus einem bestimmten Grund, für eine bestimmte Phase oder für immer.) Lisa war da für einen bestimmten Grund: Leila wieder auf die Beine zu helfen.
Lisa war für Menschen in Notlagen da. Nachdem die Notlage vorbei war, versuchte sie unbewusst, Leila in der Notlage festzuhalten. Das spürte Leila. Leila hielt an der Beziehung fest, weil sie Angst hatte, keine vertrauensvollen Beziehungen zu finden. Weil sie bislang nur Beziehungen kennen gelernt hatte, in denen es um gegenseitigen Profit ging. Aus Bedürftigkeit eignete sie sich Meinungen von Lisa an, statt auf ihr eigenes Gefühl zu vertrauen.

Viele Menschen, die sich auf den Erfolgsweg machen, erleben solche Beziehungskonflikte. „Wenn du Erfolg hast, bleibst du allein." Dieser Glaubenssatz ist weit verbreitet. Er ist einer der größten Verhinderungsgründe für den unaufhaltsamen Erfolg. Um dieser Angst auszuweichen, verfolgen wir lieber einen Erfolgsweg, der allgemein anerkannt ist, als unseren eigenen Weg zu nehmen. Die Crux ist, dass wir zwar Anerkennung finden, aber nicht für das, was wir wirklich sind. Und eines Tages werden wir aufwachen und genau das erkennen.

Es braucht viel Mut, diesen behindernden Glaubenssatz „Wenn du Erfolg hast, bleibst du allein" loszulassen.
Er stimmt nicht.

Beziehungen und Liebe sind für alle Menschen eine gleich große Herausforderung, ob erfolgreich oder nicht erfolgreich, arm oder reich, gebildet oder ungebildet, jung oder alt. Jeder steht vor denselben Herausforderungen. Liebe ist immer ein geliebt werden für das, was ich bin und andere lieben für das, was sie sind.

Liebe ist immer möglich. Unter allen Umständen. Es ist unsere Natur, in Resonanz zu sein und das anzuziehen, das zu uns passt. Oder von dem angezogen zu werden, das zu uns passt.

Auf dem Weg dahin gibt es jedoch viele falsche Fährten. Die Fähigkeit, die wir brauchen, um sie zu entdecken, so wie Leila sie entdeckt hat, ist Wahrnehmung.
Erfolg ist ein Wahrnehmungsjob.

Die wichtigste Wahrnehmungsfähigkeit ist Selbstwahrnehmung. Das 100 %-ige Vertrauen, dass deine Wahrnehmung richtig ist – egal, was andere sagen, denken, fühlen oder tun.
Leila fand das Vertrauen in ihre Wahrnehmung wieder, und konnte erkennen, was in der Beziehung mit Lisa passierte. Sie sprach es mit Lisa an, und merkte, dass Lisa sich nicht einlassen konnte auf eine Beziehung mit jemanden, der so unaufhaltsam erfolgreich war wie Leila. Sie trennte sich bald darauf von Lisa, auch wenn sie dadurch erneut der Angst begegnete, allein zu sein. Die Beziehung zu Carlos wurde enger, weil Leila merkte, dass er sich über ihre Erfolge freute, dass er sie sah und liebte als die, die sie war.

Das „Ich kann das“ ist die Fähigkeit, deiner Wahrnehmung 100 % zu vertrauen.

144

Wie findet du also die richtigen Menschen?
Du findest sie, wenn du erkennst, welche Motive dich mit einem anderen verbinden.
Freut sich der andere, wenn du wächst? Freust du dich, wenn der andere wächst? Kann die Beziehung Veränderungen aushalten oder verlangt sie, dass einer von beiden sich selbst aufgibt?

„Es ist erstaunlich, wie schnell du bekommst, was du willst, wenn du direkt darum bittest."

Benjamin Hardy

3 · Du darfst deine Beziehungen selbst wählen

Du darfst deine Beziehungen selbst wählen

Je besser du deinen Ruf kennenlernst, dadurch, dass du ihn verwirklichst, desto mehr wirst du Menschen finden, die dich voller Freude darin unterstützten. Du wirst staunen und vielleicht sagen: „Ich wusste gar nicht, dass es solche Menschen gibt."

Du wirst auch staunen, wie viel leichter alles wird, wenn du solche Menschen um dich herum hast.

Ich möchte mit dir etwas anschauen, das ein großer Schlüssel ist für erfolgreiche Beziehungen, das aber die meisten Menschen nicht gelernt haben. Besonders Frauen.

Mir fiel vor einigen Jahren bei einer Einladung in einem gut bürgerlichen Haushalt ein Lebensratgeber in die Hände. Dieses kleine Büchlein bereitete mir einen AHA-Moment, der noch lange nachwirkte. Es war dort auf der Toilette deponiert.

Was ich dort las, öffnete mir die Augen für ein Paradigma, auf dem Beziehungen zwischen Mann und Frau beruhten. Und über ein Paradigma für alle Beziehungen. Dort stand: ‚Der Mann soll die Frau wählen. Die Frau muss den Mann nehmen, der sie wählt. Das ist ihre einzige Sicherheit. Wenn die Frau den Mann selbst wählt, wird sie beinahe immer scheitern.'

Was ich dabei herauslas war: Gib dich als Frau in der wichtigsten Beziehung deines Lebens emotional auf, um finanziell sicher zu sein. Und das ist ja auch der Werdegang vieler Frauen weltweit und entspricht der Verteilung des

Vermögens zwischen Mann und Frau weltweit. Männer verfügen weltweit über 50 % mehr Vermögen als Frauen. Ein kluger Rat? Oder Selbstsabotage?

Etwas Ähnliches war mir als 17-jährige Austauschschülerin in den Vereinigten Staaten begegnet. Auch dabei ging es um die Frage: Wer wählt und wer wird gewählt? Wenn ich ein Date wollte, musste ich, die Frau, darauf warten, dass mich ein Mann anrief. Als Frau selbst jemanden anzurufen, der mir gefiel, war verpönt.

Nachdem mir das bewusst wurde, habe ich begonnen, das Beziehungsverhalten der Menschen daraufhin zu untersuchen. „Wer wählt und wer wird gewählt?" Mir wurde bewusst, wie tief es sich eingeprägt hat, meist schon in den prägenden ersten sieben Jahren. Ich bin sicher, dir fallen dazu selbst jede Menge Beispiele ein.
Mir wurde bewusst, wie sehr unser unaufhaltsamer Erfolg davon abhängt, ob wir uns durch dieses Muster positiv oder negativ beeinflussen lassen.

Unaufhaltsamer Erfolg beginnt damit, dass ich meine Beziehungen selbst wähle.

Das „Ich kann das" ist die Fähigkeit, meine Beziehungen selbst zu wählen.

Ich möchte dir die Geschichte von Roswitha erzählen. Ich könnte dir die Geschichten von vielen Frauen erzählen, die gewählt wurden und ein trauriges, energieloses Leben führen. Und du kennst vielleicht selbst welche. Roswitha ist eine Frau, die ihre Männer selbst wählt. Scheitert sie?

Roswitha

Roswitha war 46 Jahre alt, als sie zu mir kam. Sie musste in wenigen Tagen aus ihrer Wohnung ausziehen und hatte noch keine neue Wohnung. Sie hatte keine finanziellen Reserven und niemanden, der sie unterstützen konnte. Mit ihrer Familie hatte sie die Beziehungen abgebrochen. Sie war verzweifelt und wirkte wie jemand, der kurz vor der Obdachlosigkeit stand. Als Nächstes erzählte sie, dass der Mann, den sie sehr liebt, dem sie alles gegeben hatte, eine Geliebte habe und dass sie deswegen ausziehen müsse.

„Das heißt, die gemeinsame Wohnung gehört ihm oder er hat sie gemietet?"

„Sie gehört ihm, weil ich sie ihm gekauft habe."

„Du hast ihm eine Wohnung gekauft, in der er jetzt mit seiner Geliebten leben will und du sollst ausziehen?"

„So ist es. Und das ist nicht der erste Mann, mit dem das passiert ist."

Ich fragte sie: „Wählst du deine Beziehungen selbst oder lässt du dich wählen?" Ihre Antwort kam ohne Zögern.

„Darin bin ich ganz klar", sagte sie. „Ich wähle die Männer, die mir gefallen. Allerdings haben diese Beziehungen bisher immer unglücklich für mich geendet. Ich wähle die Falschen."

„Gibt es eine Gemeinsamkeit bei den Menschen, die du wählst?"

„Ja. Ich liebe sie, aber sie erwidern die Liebe nicht. Ich tue dann alles, um sie zu beeindrucken, ihre Wünsche zu erfüllen, und stelle am Ende fest, dass es einfach die Falschen waren." Sie seufzte tief. Dann lächelte sie.

Ja, sie lächelte tatsächlich. Schelmisch. Das überraschte mich. In der ganzen Verzweiflung über ihre Situation empfand sie eine diebische Freude.

„Warum lächelst du?"

„Dazu muss ich ein wenig ausholen", sagte sie. „Keine Ahnung, ob du das verstehst. Die meisten tun es nicht." … Sie machte eine nachdenkliche Pause. „Ich lächle, weil ich gerade die Lösung für meine Situation gefunden habe. Durch deine Frage. Und vielleicht die Lösung für ein Problem, das ich schon mein Leben lang habe." Sie seufzte laut. Und Entspannung breitete sich in ihrem Gesicht aus.

„Die Geschichte, die sich in meinem Leben immer wiederholt, ist die: Ich liebe es, mich zu verlieben. Ich erlaube mir da alles. Mir gefällt ein Mann, ich frage nicht nach, warum – und dann erobere ich ihn. Da wachse ich völlig über mich hinaus. Da geht es dann auch beruflich und finanziell richtig aufwärts. Das Verliebtsein inspiriert mich. Nach einer Weile merke ich, dass hinter dem Traumbild ein realer Mensch steckt, und dass wir nicht zusammenpassen. Unser Alltag, unsere Vorlieben, unsere Meinungen passen nicht zusammen. Ich tue dann alles, um die Beziehung zu erhalten. Ich strenge mich dabei sehr an. Ich habe ihm eine Wohnung gekauft, um ihn glücklich zu machen. Ich habe viel Geld da hineingesteckt. Und jetzt ziehe ich aus, weil er eine Geliebte hat, mit der er dort einziehen möchte."

All das erzählte Roswitha mit einer gewissen Heiterkeit, die mich verwunderte. „Die Beziehung geht schief", fuhr sie fort, „aber beruflich mache ich jedesmal einen Quantensprung. Während der Beziehung mit ihm, habe ich jede Menge lukrative Aufträge bekommen. Ich kann sagen, diese Männer haben mich erfolgreich gemacht. Im Moment habe ich ein sehr attraktives Angebot für eine Führungsposition in einer Werbeagentur in Hamburg."

Wieder machte sie eine Pause. Sie wurde nachdenklich. Ich hörte gespannt zu und fragte mich, was als Nächstes kommen würde.
„Es gibt nur einen Haken", sagte sie schließlich.
„Mhm."
„Die Geschäftsführerin will mich unbedingt haben."
„Und du willst auch. Wo ist das Problem?"
Sie holte Luft. „Ich bin selbst sehr klar darin, wen oder was ich haben will. Aber wenn jemand mich haben will … Das macht mir unheimlich Angst."

Wieder machte sie eine Pause. Sie sah mich an, sie dachte nach, sie fühlte in sich hinein. „Ich werde es trotzdem probieren … Ich probiere etwas ganz Neues aus: Ich lasse mich wählen."

Sie sah mich an und ich sah, wie sich immer mehr Freude in ihr ausbreitete. „Ich glaube, ich habe gerade auch eine Lösung für meine Beziehungen mit Männern gefunden. Ich halte Ausschau nach beidseitig."

Sie bedankte sich überschwänglich bei mir und sagte, ich hätte ihr sehr geholfen mit dieser einen Frage, ob sie ihre Beziehungen immer selbst gewählt habe. Das sei ihr in diesem Ausmaß nicht bewusst gewesen. Sie wäre kurz davor gewesen, das Angebot aus Hamburg abzulehnen, aus genau dem Grund, dass sie nicht gewählt werden wolle, weil das in ihrer Vorstellung mit Unfreiheit assoziiert war.

Es beeindruckt mich immer wieder, dass nur eine Frage eine vollkommene Wende im Bewusstsein bringen kann. Aber genau so ist es. Es gibt eine größte Blockade und wenn sie bewusst wird, löst sich das Gespenst in Luft auf.

Roswitha hatte viele Fähigkeiten eines unaufhaltsam erfolgreichen Menschen und ich kann mir gut vorstellen, dass sie auch das Thema Beziehung für sich positiv lösen wird. Unaufhaltsam erfolgreiche Menschen haben dieselben Herausforderungen, die wir alle haben seit Tausenden von Jahren, aber sie erkennen eine Lösung, wenn sie auftaucht, und sie handeln.

Wähle deine Beziehungen selbst und halte dabei Ausschau nach Menschen, die auch dich wählen. Dann wird dein Erfolg unaufhaltsam.

„Es gibt eine Stimme,
die keine Worte
braucht. Lausche.“

Rumi

4 · Es gibt eine Stimme, die keine Worte braucht

Von Pferden habe ich gelernt, Energie zu lesen. Pferde sind stille Tiere. Das Wiehern nach anderen Artgenossen ist so ziemlich das ganze Repertoire an Lautäußerungen, das sie haben. Jahrtausende lang wurden sie unter anderem deshalb von Menschen für dumm gehalten. Sie dienten den Menschen als Fortbewegungsmittel bis die Autos kamen, als Kriegshelfer bis die Panzer kamen und als Zugmaschinen bis die Traktoren kamen. Sie dienten dem Ansehen des Herrschers, der mit dem Pferd bewies, dass er ein Tier zähmen konnte, das größer und schneller war als er.
Was die großen Feldherren konnten, wenn sie das wilde Ross zähmten, können heute auch 15-jährige Mädchen.

Um ein Pferd zu „zähmen" gibt es zwei Möglichkeiten: Man bricht seinen Geist mit Schmerz und Druck oder man lernt Energie lesen.
Der Großteil der Menschen in der Pferdewelt bis hinauf in die Olympiade wählt auch heute noch das Brechen.
Aber zunehmend mehr Menschen, vor allem Frauen, wählen das Energielesen.

Das Energielesen ist eine Fähigkeit, mit der alle Menschen auf die Welt kommen. Aber auch in der Zähmung der Menschen wird, heute noch, vornehmlich das Brechen des Geistes vorgezogen.

Das ist einer der Gründe, warum ich dieses Buch schreibe: Um dir einen anderen Weg zu zeigen. Einen Weg, auf dem dein Geist nicht gebrochen wird, sondern seine Kraft entfaltet: durch Energielesen.

Ich nehme noch einmal die Pferde als Beispiel:

Was die meisten Menschen nicht wissen, ist, dass die Wahrnehmung von Pferden (und allen anderen vermeintlich dummen Tieren) um vieles feiner ist als die der Menschen.

Versuche dir einmal das vorzustellen: Ein Pferd kann über die Entfernung wahrnehmen, ob ein Löwe, der vorbeistreift, hungrig ist oder satt. Diese Fähigkeit dient ihm dazu, zu wissen, ob es fliehen muss oder in Ruhe weiter grasen kann und sich die Anstrengung sparen.

Können wir Menschen das? Hunger und Sattsein eines anderen über die Entfernung unterscheiden? Du sagst dir vielleicht, das muss ich nicht können.

Ich möchte mit dir noch einen Schritt weiter gehen: Diese Sensibilität des Pferdes ist nicht nur auf die Unterscheidung von Hunger und Sattsein eines Angreifers ausgerichtet, sondern allgemein auf die Absicht, mit der sich jemand annähert. Will der was von mir? Oder spaziert der nur vorbei und denkt an etwas ganz anderes?

Diese Fähigkeit können auch wir Menschen sehr gut gebrauchen.

Will uns jemand übers Ohr hauen? Oder lieben?

Oft können wir das eine nicht vom anderen unterscheiden. Die Antwort ist jedoch wichtig, denn im ersten Fall muss ich mich schützen. Im zweiten Fall darf ich mein Herz öffnen.

Wenn wir das nicht gut unterscheiden können, bauen wir Mauern auf gegenüber denen, die uns lieben und werden Betrugsopfer von denen, die uns reinlegen wollen.

Das zu unterscheiden war für mich einer der wichtigsten Gründe, warum ich lernen wollte, Energie zu lesen wie ein Pferd. Ich wollte Klarheit gewinnen in meiner Kommunikation. Eine Klarheit jenseits der Worte, jenseits der Manipulationen.

Energie lesen – wie geht das?

Kommunikation ist an der Basis ein Austausch von Energie.

Die meisten Menschen können sich nicht viel darunter vorstellen. Obwohl wir es unbewusst immer tun. Unser Körper reagiert unwillkürlich auf Energie. Wir spüren es nicht, weil wir unseren Körper nicht besonders gut spüren. Wenn wir genauer hin fühlen, entdecken wir, dass unser Körper wie eine Mimose auf alles reagiert. Eine kleine Berührung genügt. Es muss nicht einmal eine Berührung sein, eine energetische Berührung über die Distanz genügt.

Auf der Autobahn können wir das beobachten. Wir halten unbewusst Abstand zu den anderen. Dasselbe passiert, wenn wir uns unter Menschen bewegen. Interessant wird es, wenn wir die energetischen Abstände in den verschiedenen Kulturen beobachten. In Westafrika war es vollkommen normal, dass ich in einem überfüllten Straßentaxi auf dem Schoß eines älteren Mannes saß. In den USA zucken die Menschen zusammen, wenn ich im Supermarkt, im Gang mit den Marmeladen, weniger als 2 Meter Abstand habe, ein Abstand, der für mich als Europäerin wiederum kein Bedürfnis nach Ausweichen auslöst.

Dasselbe können wir beobachten, wenn es um persönliche Abstände geht. Mit manchen Menschen fühlen wir uns sofort nahe, umarmen sie gern. Mit anderen sind wir lieber auf Abstand. Das alles hat mit persönlichem energetischem Raum zu tun.

Wie kann ich diese Wahrnehmung nutzen? Ich kann sie beobachten und mich daran orientieren. In der Begegnung mit Menschen erlauben wird aus Höflichkeit häufig zu viel Nähe, eine Nähe, die wir im Straßenverkehr nie erlauben würden, weil es zu gefährlich wäre.

Wenn wir diese energetischen Grenzen, die uns unser Körper anzeigt, genauer erforschen, entdecken wir, dass unser Körper ein sensibles Wahrnehmungsorgan ist, das jede Art von Information filtert, sortiert und uns anzeigt, ob sie nützlich oder schädlich ist.

Der Körper ist da ganz klar: nützlich oder schädlich. Je besser ich das unterscheiden kann, desto mehr kann ich meinen Körper mit nützlicher, nährender, heilender Energie versorgen.

Die ganz einfache Formel lautet:

Je mehr ich meinen Körper mit positiver Energie versorge, desto unaufhaltsamer wird mein Erfolg.

Ich möchte dir von Fanny und Jack erzählen.

Fanny und Jack

Fanny und Jack waren zwei irische Pferde, von der Rasse Tinker. Das sind robuste Pferde, die früher genutzt wurden, um Wagen zu ziehen. Ihr Fell war weiß und hellbraun gescheckt, beide hatten eindrucksvolle Charakterköpfe und lange Mähnen.

Fanny und Jack waren ein Liebespaar. Sie verbrachten Tag und Nacht miteinander, grasten nebeneinander, standen nebeneinander auf der Weide und dösten. Jack hatte manchmal ein Techtelmechtel mit einer jungen Stute, Lotta, und Fanny pfiff ihn dann zurück.

Als ihr Pferdeleben zu Ende ging, und sie beide immer müder wurden, mehr unheilbare Krankheiten entwickelten und kaum mehr aufstehen konnten, ermöglichte die Besitzerin, Natalie Frey, ihnen, gemeinsam den Weg über die Regenbogenbrücke anzutreten.

Fanny und Jack haben viele Menschen, darunter auch mich, etwas über die Liebe gelehrt. Sie hingen aneinander wie energetischer Klebstoff. Sie bewegten sich gemeinsam, ohne dass sie das je verabreden mussten. Durch Fanny und Jack konnte ich erleben, dass es möglich ist, so enge Beziehungen zu haben. Dass nichts an mir falsch ist, wenn ich mir das wünsche. Durch das Vorbild von Fanny und Jack konnte ich dann auch bald darauf genau so eine Beziehung finden, in der ich sehr glücklich war.

So enge Beziehungen sind auch in der Pferdewelt nicht jederpferds Sache, aber wenn es so ist, ist es so. Energetische Grenzen sind ganz und gar individuell und urteilsfrei, das heißt, es gibt kein richtig oder falsch, sondern nur das, was sich für zwei Wesen richtig anfühlt und Vertrauen und Entspannung schafft.

Liebe ist ein energetischer Austausch. Die Verbindung entsteht, wenn zwei energetische Räume sich berühren, so wie zwei Autos, die sich auf der Autobahn nahe kommen und sich wieder entfernen. Es gibt einen Punkt in der Begegnung, wo eine Berührung entsteht.

Wenn ich diesen Punkt finde mit anderen Menschen, egal wie nah oder fern, kann ich überall entspannte Beziehungen finden. Und ich kann die Menschen finden, mit denen ich mich immer wohlfühlen werde, weil unsere Energie sich anzieht wie die von Fanny und Jack. Ich kann den richtigen Abstand finden mit Menschen, mit denen ich mehr Raum brauche. Alles, was ich dazu brauche, ist, Energie zu lesen wie ein Tier.

Energie lesen ist eine Fähigkeit, die auf intuitiver Wahrnehmung beruht. Der Verstand, die Analyse, die Strategie helfen hier nicht.

Energie lesen ist die Voraussetzung, um wahrhafte, stabile Verbindungen zu finden. Viele Verbindungen beruhen auf antrainierten Gewohnheiten und verlieren ihren Halt, wenn die Gewohnheiten sich ändern. Oft geschieht das Energielesen unbewusst, und wir finden die richtigen Menschen. Unsere Beziehungen verbessern sich jedoch sehr, wenn uns bewusst wird, wie wir mit Menschen energetisch harmonieren.

Wenn ich lerne, Energie zu lesen und das tust du beim Lesen dieses Buches, erwirbst du noch einige andere Fähigkeiten, die unabdingbar sind für den unaufhaltsamen Erfolg. Und zu denen du nur Zugang findest, wenn du anfängst, alles als Energie wahrzunehmen.

Dazu musst du alle anderen Wahrnehmungen wie mentale Wahrnehmung, emotionale Wahrnehmung, die Wahrnehmung deiner Selbst als einer definierten Identität so weit loslassen, dass du nicht damit identifiziert bist.

Wenn du dort ankommst, wo du dich selbst und deine Umgebung als etwas erlebst, das wahrnimmt, was passiert und nicht als etwas, dem du ausgeliefert bist, das unveränderbar ist, dann kommst du da an, wo du alles als Energie wahrnehmen kannst. Was wir wahrnehmen und wie wir wahrnehmen ist etwas Flexibles. Wir können darüber entscheiden. Wir können unsere Wahrnehmungsgewohnheiten grundlegend verändern. In dieser Fähigkeit liegt unsere Freiheit.

Wenn du frei bist davon, etwas auf eine festgelegte Art und Weise wahrzunehmen, kommst an der Quelle an.

An der Quelle entdeckst du, dass alles immer verbunden ist. Du bist immer ein Teil eines unendlich großen Ganzen. Du kannst nie herausfallen aus den Armen Gottes. Und wenn es sich so anfühlt, als ob du herausgefallen wärst, weißt du, es ist eine Illusion, die dein Verstand dir vorgaukelt oder eine Angst, die dich schützen will, obwohl es nicht notwendig ist.

Gehe weiter auf deinem Weg zur Quelle.
Dann findest du das Geheimnis der Verbindung.

In der Verbindung bringt sich der unaufhaltsame Erfolg von selbst hervor.

Das „Ich kann das" ist die Fähigkeit, alles als Energie wahrzunehmen. Und dabei Verbindung zu finden.

Das „Ich kann das" ist die Fähigkeit, wahrzunehmen, wie sich der unaufhaltsame Erfolg von selbst hervorbringt.

Jeder kann das lernen. Es ist ein Erinnern daran, wer wir ursprünglich sind.

„Ich sehe dich in deiner
ganzen Wahrhaftigkeit"

Nicola Egger, Pferdeflüsterin

Der 6. Schritt

Das Herz der Kreatur

1 · Gott kommt über das Meer

Wir sind beim sechsten Schritt angekommen. Deine energetische Verwandlung schreitet voran. Vielleicht fliegt sie auch, vielleicht stürzt sie, vielleicht wühlt sie. Verwandlung wird durch bewegte Energie hervorgebracht. Die Bilder, die Menschen gefunden haben, um diese Bewegung von Energie auszudrücken sind Wind, Sonne, Samen, Sein, Baum, Weinstock, Wolken, Wasser, Feuer.

Gott kommt über das Meer

Gestern saß ich in Downtown Ocho Rios, Jamaika, im Schatten eines der Riesenbäume. Ich saß auf einer der Riesenwurzeln, die sich über das Gras schlängelten wie die Krallen eines Dinosauriers. Ein junger Jamaikaner ließ sich neben mir nieder, wir redeten. Über Gott. In Jamaika ist es nicht ungewöhnlich, mit Fremden ohne Umwege über tiefe spirituelle Gefühle zu reden. Er las an meiner Energie, dass ich das mochte. Er las es an meiner Stimme, an meinem Atem, an meiner Stille. Ich, eine 62-jährige Weißhäutige, er ein Dunkelhäutiger, Anfang 20. Wir saßen dort wie gute Freunde, obwohl wir uns nie zuvor gesehen hatten. Und das sind wir: gute Freunde. Alle Menschen sind gute Freunde.

Wir redeten über das Meer. Er sagte: „Gott kommt jetzt über das Meer. Das ist die einzige Art, wie die Menschen gerettet werden können." Die Art, wie er es sagte, klang nicht danach, dass er es irgendwo aufgeschnappt hatte. Es klang, als wäre dies sein ganz persönlicher Gedanke, den er aus der Beobachtung seiner Umwelt gewonnen hatte. Er wollte mich damit nicht beeindrucken, belehren oder bekehren. Er wollte mich berühren und berührt werden. Er lebt in einem Land, in dem Gott allgegenwärtig ist und mit den Menschen spricht. Ein Land, in dem die Menschen sich darüber austauschen, wie Gott mit ihnen spricht. Gott spricht mit jedem anders.

In Jamaika habe ich noch nie erlebt, dass mich jemand bekehren wollte. Ich habe nur sanftes Einladen erlebt, berühren, das Gefühl, willkommen zu sein.

Im sechsten Schritt der Heldenreise kommst du ganz bei dir selbst an. Der sechste Schritt der Heldenreise ist der Dreh- und Angelpunkt all der anderen Schritte, die du bisher gegangen bist. Das „Wer bin ich?", „der Ruf", „die Blockade", „das Ziel", „die Verbindung". Alle diese Schritte haben dich darauf vorbereitet, dir selbst in der größten Tiefe zu begegnen: im Herz der Kreatur.

Der sechste Schritt, das Herz der Kreatur, ist die Mitte deiner Reise. Sie teilt die Reise in einen ersten Teil, in dem du zu dir selbst findest und in einen zweiten Teil, in dem du geprüft wirst im Feuer des Alltags, im Feuer des realen Lebens. Im zweiten Teil kommst du aus deinem Schneckenhaus heraus und lernst, durch den Sturm zu gehen.

Davor, im sechsten Schritt, hältst du inne – in der Höhle, allein. Dort begegnest du der bedingungslosen Liebe.

Die bedingungslose Liebe

Die bedingungslose Liebe ist etwas, wonach sich unsere Seele sehnt. Diese Sehnsucht treibt uns an, sie nährt uns, sie heilt uns, sie inspiriert uns. Gleichzeitig ist der Weg dorthin das Herausforderndste, das uns in unserem Leben begegnen wird.
Der größte Fehler, den wir machen, auf unserer Reise durch das Leben ist, dass wir den leichten Ausweg suchen, wenn es um die bedingungslose Liebe geht. Genau damit wirst du in diesem sechsten Schritt der Heldenreise konfrontiert.

Wir sind umgeben von Angeboten, Dingen, Waren, Attraktionen, Einladungen, die uns einen leichten Weg in die bedingungslose Liebe versprechen, dieses Versprechen aber nie halten, sondern nur durch ein neues Versprechen ersetzen. Wir machen Schnäppchen. Aber die bedingungslose Liebe ist kein Schnäppchen.

Obwohl die bedingungslose Liebe das Beste ist, das wir finden können auf der Erde, ist sie das, was wir am leichtesten vergessen. Wir vergessen sie aus Bequemlichkeit. Die Bequemlichkeit ist der Feind der bedingungslosen Liebe.

Die Bequemlichkeit erlaubt uns, all die Verletzungen, Enttäuschungen, Traumata die wir erlebt haben, zu betäuben. Die Bequemlichkeit ist wie der Zucker, die Sahne, die Tortenglasur, die alles zudeckt, so dass wir nicht fühlen, was wahr ist.

Die bedingungslose Liebe ist hundertprozentige Wahrhaftigkeit.

Das „Ich kann das" ist die Fähigkeit, hundert Prozent ehrlich zu dir selbst zu sein.

Die bedingungslose Liebe lehrt dich, dich selbst zu lieben mit allem, was zu dir gehört.

Die bedingungslose Liebe ist Selbstliebe.

In einem bequemen Leben ist es unmöglich, dich selbst zu lieben, so wie du dich lieben könntest. Die Selbstliebe kommt, wenn du dich ins Feuer begibst, wenn du dich dem Leben aussetzt. Dort kommt auch der unaufhaltsame Erfolg.

Der unaufhaltsame Erfolg ist eine Antwort auf deine Selbstliebe. In der Selbstliebe bist du unabhängig von äußeren Umständen. Und genau dann kann das Leben ganz direkt auf dich antworten. Das Leben antwortet immer. Es antwortet auf dich, ganz persönlich. Es antwortet nicht auf deine Abhängigkeiten und Bequemlichkeiten. Die befriedigst du selbst.
Das Leben antwortet auf das Pure in dir.
Wenn du unaufhaltsam erfolgreich sein willst, lerne, pur zu sein.
Dann kommt der unaufhaltsame Erfolg von selbst.
Der unaufhaltsame Erfolg ist immer ein Erfolg, der nur für dich bestimmt ist, für niemand anderen.

Niemand anderer kann deinen Erfolg haben und du kannst nicht den Erfolg eines anderen haben.

Wenn du einen Erfolg suchst, den ein anderer hat, und ihn kopieren möchtest, kann das Leben dir nicht in ganzer Fülle antworten.
Der Erfolg kommt, wenn du deine einzigartige Gabe lebst.
Wenn du das lebst, worin du nicht austauschbar bist.
Im Schritt zwei, der Ruf, hast du eine Ahnung bekommen, was diese Gabe ist. Im Schritt sechs begegnest du nicht nur deiner Gabe, sondern du BIST deine Gabe.

Deine Gabe ist kein Werkzeug mehr, kein Ziel mehr, das außerhalb von dir ist, sondern deine Gabe, das bist du selbst.

Ich möchte dir die biblische Geschichte von den drei Männern im Feuerofen erzählen.

König Nebukadnezar stellte ein goldenes Standbild auf und zwang alle Bewohner seines Königreichs, das Standbild anzubeten. Wer es nicht tat, würde in den Feuerofen geworfen.

Sadrach, Mesach und Abednego taten es nicht und wurden in den Feuerofen geworfen. Aber sie verbrannten nicht. Nicht einmal ein Haar wurde versengt. Im Feuerofen wurden vier Personen gesehen. Sadrach, Mesach und Abednego. Aber wer war der Vierte? Die drei hatten einen göttlichen Helfer.

Diese Geschichte ist ein gutes Bespiel für die Macht der bedingungslosen Liebe. Sie bleibt auch im heißesten Feuer unversehrt. Sie knickt nicht ein, wenn eine Strafe droht. Sie besteht, auch wenn die Bedingungen lebensbedrohlich sind. Sie unterwirft sich keiner fremden Macht. Sie vertraut darauf, dass göttliche Hilfe kommt.

Und sie überzeugt auch einen mächtigen König. Nachdem Nebukadnezar gesehen hatte, wie Sadrach, Mesach und Abednego unversehrt aus dem Ofen stiegen, beförderte er sie in hohe Stellungen. Er wusste, dass genau diese Fähigkeit gebraucht wird für verantwortungsvolle Aufgaben.

Die Geschichte von den drei Männern im Feuerofen wirkt übermenschlich, denn wer von uns traut sich schon zu, im Feuerofen geprüft zu werden.

Und doch ist es das, was das Leben unaufhörlich mit uns macht. Diese Prüfung kann sich auch ganz leicht anfühlen – und für die drei Männer im Feuerofen war sie vielleicht auch ganz leicht. Ihnen wurde kein Haar gekrümmt.

Die bedingungslose Liebe ist ganz leicht.

Schwer ist es nur, wenn wir getrennt sind von ihr.

Ich möchte dir als nächstes eine Geschichte erzählen, die ich selbst erlebt habe, in der sich etwas sehr Schweres in etwas ganz Leichtes verwandelt hat – durch einen unerwarteten göttlichen Helfer.

„Deine Vision wird
klar, wenn du in dein
Herz schaust. Wer
nach außen schaut,
träumt; wer nach innen
schaut, erwacht.“

Carl Jung

2 · EIN FREMDER IM REGEN

Eine unerwartete göttliche Helferin

Ich war an einem Tiefpunkt meines Lebens angekommen und suchte verzweifelt nach einem Ausweg. Nach der Scheidung fühlte ich mich sehr einsam. Die Einsamkeit tat weh. Sehr weh. Sie machte mich schwach. Ich suchte nach Nähe, aber die Menschen um mich herum kamen mir fremd vor. Ich war so einsam, dass ich glaubte, ich könne es nicht überleben.

In einer inneren Reise sah ich mich selbst in einem dunklen Tunnel, in dem es nur ein Gleis gab. Ich war vollkommen allein in diesem Tunnel und suchte nach einem Ausgang, aber der Tunnel schien kein Ende zu nehmen. Und wie konnte ich mich auch fortbewegen mit nur einem Gleis? Das zweite Gleis, mein lebenslanger Gefährte, fehlte. Nach einer Weile bemerkte ich, dass da etwas Lebendiges war. Eine Motte. Toll, dachte ich, das einzige Lebewesen, das mich in meiner Einsamkeit trösten konnte, war eine Motte.
Plötzlich begriff ich, wie genial das war: Die Motte konnte mich zum Licht führen. Ich folgte ihr und bald tauchte das Ende des Tunnels auf. Als ich aus dem Tunnel trat, sah ich, wie Arbeiter Schienen in der Prärie verlegten, wie ich es in Filmen gesehen hatte, die im Wilden Westen spielten als die ersten Eisenbahnen gebaut wurden.

Diese innere Reise hat sich mir tief eingeprägt. Auch nach Jahren erinnere mich an die Details. Kurz darauf gewann ich eine neue Freundin, die zu mir sagte: „Ich bin deine Motte. Du wirst nie wieder allein sein." Ich war seither auch nie mehr allein. Ein Jahr später ging ich in die USA und lernte, „Schienen in der Prärie zu legen". Ich lernte, wie unaufhaltsamer Erfolg geht.

Im Herzen bin ich eine Visionärin, jemand, der Wege in einem unbekannten Land baut, Schienen in der Prärie. Das Erlebnis im Tunnel zeigte mir meine größte innere Kraft, die mich auch aus dem schmerzhaftesten Tief wieder herausholen konnte.

Ich kann das. Ich kann einen Weg finden aus dem tiefsten Schmerz.

Ich kann das. Du kannst das. Es ist unsere Natur.

Vielleicht sagst du jetzt: Come on, Ulrike. Erst erzählst du mir Stories vom Pferd und jetzt von der Motte. Gib mir was Reales. Ein echtes Ergebnis.

Ich möchte dir mit diesem ganz realen Beispiel zeigen, dass die Quelle des unerschütterlichen Erfolgs eine Bewegung tief im Innern ist. Die dann zu einem echten Ergebnis wird. Je intensiver die innere Bewegung ist, desto wirksamer ist das äußere Ergebnis.
Das „Schienen verlegen in der Prärie" hat mir viele hunderttausend Euro Umsatz eingebracht – auf Wegen, die ich mir damals nicht im Entferntesten vorstellen konnte. Mit Schienen, die ich erst verlegen musste.

Die innere Bewegung muss kein großer Moment mit Feuerwerk sein. Es kann ein ganz stiller Moment sein. Eine Meditation, eine schamanische Reise, ein Coaching, Schreiben, Malen, Tanzen, Beten, ein nächtlicher Traum, eine Geschichte, die jemand erzählt, eine Umarmung kann einen Moment hervorbringen, der alles verändert.

In diesen Momenten geschieht eine Transformation, die dein ganzes Sein umfasst. Deine Software verändert sich, das Grundprogramm wird umgeschrieben und dadurch dein ganzes Denken, Fühlen und Handeln. Und in der Folge dein unaufhaltsamer Erfolg.

Diese Vorgänge passieren im sechsten Schritt der Heldenreise, dem „Herz der Kreatur".

Es ist wichtig, sich Zeit zu nehmen, damit diese leisen, nachhaltigen Transformationen in deinem Innern passieren können. Denn hier geschieht das Wesentliche. Hier entsteht das „Ich kann **das**". Es wird spezifisch. Es ist kein „Ich kann alles". Es ist ein **Ich kann DAS.**"

Das „Ich kann das" wird zu einem „Ich kann DAS". Ich entdecke, welche größte Kraft in mir gerade zum Leben erwachen will.

Wenn ich das „Ich kann DAS" gefunden habe, wird alles ruhig.

Ein Fremder im Regen

Es ist wie wenn ein Fremder im Regen an meine Tür klopft und hinein möchte, aber ich höre ihn nicht. Mein Fernseher ist zu laut, ich bin gestresst, ich bin damit beschäftigt, ein Leben zu managen, das überall auseinander fällt. Wo ich hin fasse, tun sich neue Abgründe, Baustellen, unlösbare Probleme, unbezahlte Rechnungen, aufgeschobene Dringlichkeiten auf.
Der Regen vor der Türe wird zum Sturm, aber ich bekomme das gar nicht mit. Bis ich eines Abends müde auf mein Sofa falle und sich unter mir ein 10 Meter tiefes Loch auftut, in das ich mitsamt meinem Sofa hineinfalle und aus dem ich gefühlt nie wieder hervorkriechen werde. Ich fühle endgültig, wie erschöpft ich bin bis in die letzte Zelle. Ich gebe auf.
Jetzt hat der Fremde im Regen eine Chance, denn zum ersten Mal seit Monaten höre ich, was draußen vor der Türe vor sich geht. Regen.
Ich öffne die Türe, um frische Luft hereinzulassen – und da tritt er in den Raum. Und er hat eine Nachricht für dich – einen Umschlag, in dem deine Zukunft steht.

Diesen Moment erlebte ich letzten September im Flugzeug von Madrid nach Frankfurt, auf meinem Rückweg von dem Workshop auf dem Gestüt La Perla, wo ich Espartaco begegnet war. Der Workshop war der letzte in einer Reihe von Workshops, die wundervoll gewesen waren, aber auch Kraft gekostet hatten durch das Reisen und die immer neuen Orte und Menschen.

Meine Erschöpfung war so groß, mein Körper fühlte sich so schwer an, dass ich Angst hatte, das Flugzeug würde wegen mir vom Himmel fallen.
Und da begann ich zu schreiben. Seither schreibe ich. Das ist jetzt sechs Wochen her. Das Buch ist halb fertig.

Ich warte seit zwei Jahren auf dieses Buch. Ich habe viele Titel für das Buch aufgeschrieben. Ich wusste nie, worum es genau geht. Und plötzlich wusste ich es. In diesem einen unendlich müden Moment im Flugzeug ging die Türe auf. Seither ist alles leicht. Was vorher anstrengend war, zu viel, zu anstrengend – ist jetzt nur noch ein Nebengeräusch.

Denn jetzt kenne ich nicht nur das „ICH KANN das", sondern das „Ich kann DAS". Bis zu diesem Augenblick wusste ich nicht, dass ich einen Erfolgsratgeber schreiben kann. Ich hatte kein Vertrauen, dass das Leser interessieren würde. Ich dachte, es gibt schon genügend davon. Ich hatte nichts Eigenes, das nicht schon irgendwo geschrieben stand oder gesagt war. Ich glaubte nicht, dass ich es finden würde, durch das Schreiben. Ich hatte nicht die Motivation. Meine Motivation reichte gerade mal für ein gelegentliches Titel sammeln. Und plötzlich: Für ein ganzes Buch, das sich von selbst schreibt.

Tara Swart, eine Autorin, die das Gesetz der Anziehung mit den neuesten neurowissenschaftlichen Forschungen vergleicht, schreibt in ihrem Buch „Die Quelle": „Während du neue neuronale Bahnen im Gehirn bildest, scheint es eine Phase zu geben, wo es sich eine Weile anfühlt, als würde sich nichts ändern, und dann, plötzlich, passt alles zusammen und es wird immer müheloser."

Ich hatte diesen Moment erreicht. Die Begegnung mit Espartaco war ein entscheidender Moment, und er war so intensiv, weil er auf allem aufbaute, das ich zuvor gebaut hatte. Schienen in der Prärie. Die Gleise waren fertig, der Zug konnte den Bahnhof verlassen.

Eine große Ruhe ist in mein Leben eingekehrt. Ich habe das „Ich kann DAS" gefunden – und weiß, dass es das Tor für meine Zukunft ist, viel mehr als nur ein Buch. Diese Gewissheit trägt mich und motiviert mich.
Auch du wirst sie finden.

Du kannst es nicht erzwingen, aber du kannst die Türe aufmachen und frische Luft hereinlassen und den Fremden, der dort schon lange wartet.

„Wenn du eine innere Stimme hörst, die sagt, dass du nicht malen kannst, dann, um Himmels Willen, male – und diese Stimme wird verstummen.“

Vincent Van Gogh

3 · Leben in der Transformation

Ein Leben in der Transformation

Der Lebensstil unserer Zukunft wird ein grundsätzlich anderer sein. Wir werden in einem neuen emotionalen, mentalen und spirituellen Modus leben. Wir üben und trainieren und verbreiten das gerade, die Wissenschaft liefert die nötigen Beweise, um den Verstand von etwas zu überzeugen, das der Geist schon lange weiß.

Unsere Zukunft wird ein Leben im Modus der Transformation sein. Im Modus des unaufhaltsamen Erfolges.
Die drei Männer im Feuerofen waren vollkommen transformierte Wesen. Ihr Vibe war stärker als das Feuer. Sogar als das siebenfache Feuer, das König Nebukadnezar speziell für sie schüren ließ. Sie waren nicht nur spirituell außerordentlich erfolgreich, sondern auch alltagstauglich. Nachdem sie unversehrt aus dem Ofen stiegen, wurden sie vom König befördert, weil er sie für nützlich für die Verwaltung des Königreiches befand.

Unaufhaltsamer Erfolg ist mehr als eine Reihe von Fähigkeiten, die man in einem Studium, einer Ausbildung oder Karriere lernen kann.

Unaufhaltsamer Erfolg ist ein Vibe. Eine Schwingung. Eine Frequenz.

Der Erfolg kommt, wenn ich in einen höheren Vibe wechsle.
So wie vom Pferd zum Auto oder von der Schreibmaschine zum Computer oder vom Festnetztelefon zum Smartphone.

Auf dem Weg dahin werden jeweils viele Erfindungen gemacht.

Auf dem Weg in den nächst höheren spirituellen Vibe warten jede Menge Transformationen auf uns. Die Kompetenz, die wir brauchen, ist die Fähigkeit, uns energetisch zu transformieren.

Das „Ich kann das" ist die Fähigkeit, sich energetisch zu transformieren.

Ich möchte dir die Geschichte von Petra erzählen.
Petra war eine fleißige, begabte, erfolgreiche Frau, aber immer wieder litt sie an Depressionen, besonders dann, wenn sie den nächsten Schritt auf der Erfolgsleiter gemacht hatte.
„Es ist als bestrafe ich mich selbst", sagte sie.
Ich fragte mich, welche innere Blockade darauf wartete, transformiert zu werden. Das ist meine Aufgabe als Coach. Die größte unbewusste Blockade zu finden, damit die eingeschlossene Energie befreit werden kann.
In unseren Coaching-Sessions transformierten wir einige größere Erfolgsblockaden, aber da war immer noch diese Schwere, diese innere Lähmung ihrer Lebensenergie.
Manchmal sind Schuld und Scham, ist die Angst vor Bestrafung so groß, dass das Unbewusste alles tut, um das erfolgreiche Geschehen zu verbergen. Das Unbewusste spürt aber auch, dass jemand auf dem Weg ist in das dunkelste Verließ. Ein Teil von uns kauert voller Todesangst in einer lichtlosen Ecke, ein anderer Teil möchte endlich befreit werden. Das erzeugt eine Resonanz in den äußeren Ereignissen, die Spuren hinterlässt.

So war es auch bei Petra. Das Leben begann zu sprechen. Sie erhielt eine Auszeichnung als Mitarbeiterin des Jahres und wurde einen Tag vor der Verleihung krank mit hohem Fieber. Zufällig war eine Tante zu Besuch, die ihr erzählte, dass ihre Großmutter ein wenige Tage altes Kind verloren hatte im Krieg und ihre Urgroßmutter ebenfalls.

In der Nacht träumte Petra, dass sie in einer Höhle gefangen war, in die man sie geworfen hatte, weil sie eine Mörderin war. Sie durfte nicht leben, weil sie ein Kind getötet hatte. Sie war überzeugt, dass sie das verdient hatte.

Am nächsten Tag erzählte sie mir davon in unserer Coaching-Konferenz.

Petra erzählte mir, dass sie als junge Frau eine Abtreibung gehabt habe, von der niemand wusste. Sie hatte als 19-jährige mit zwei Männern gleichzeitig geschlafen und war schwanger geworden, wusste aber nicht, von wem. Sie hatte eine Klinik gefunden, die die Abtreibung durchgeführt hatte. Sie hatte sich zu der Abtreibung entschieden, weil sie gerade mit Begeisterung ein Studium begonnen hatte und sich auf keinen Fall von einem Kind aufhalten lassen wollte.

„Ich habe lange nicht mehr daran gedacht", sagte Petra. „Jetzt fühle ich, dass ich tief in meinem Innern überzeugt bin, dass ich nicht leben darf, weil ich dieses Kind nicht leben ließ."

Kurz nachdem sie das ausgesprochen hatte, stand sie auf und lief auf die Toilette, um sich zu übergeben.

Zwei Stunden später nahm sie wieder Kontakt mit mir auf. Wir trafen uns auf zoom.

„Am Anfang war ich sehr erfolgreich ... mit dem Studium und der ersten Arbeitsstelle, die ich hatte. Ich war sehr ehrgeizig und erreichte viel. Aber mit jeder Sprosse, die ich höher kletterte auf der Leiter wurde es schwerer. Es war als ob ein tonnenschweres Gewicht mich nach unten ziehen würde. Und dieses Gewicht hat in meinem Traum einen Namen bekommen: „Du darfst nicht leben, weil du einem anderen das Leben verweigert hast." Petra war am Boden angekommen.

Die Transformation hatte begonnen, aber sie war noch nicht vollendet.

Eine Woche später trafen wir uns zur nächsten Coaching-Sitzung. Ihre Energie war vollkommen verwandelt.

Petra erzählte mir, dass sie noch einmal einen Traum gehabt habe. In dem Traum kamen die jung verstorbenen Kinder der Großmutter und der Urgroßmutter zu ihr und auch das Kind, das Petra hatte abtreiben lassen. Sie zeigten sich als ein und dieselbe Seele, die für kurze Zeit auf die Erde gekommen war. In dem Traum konnte sie spüren, dass die Urgroßmutter sich schuldig fühlte, weil sie glaubte, dass sie das Leben des Kindes hätte retten sollen. Sie spürte, dass die Großmutter sich schuldig fühlte, weil sie glaubte, für den Tod des Kindes verantwortlich zu sein. Und Petra war es ebenso ergangen.

Ich sah, wie Petras Augen leuchteten. "Und dann geschah etwas Außerordentliches", sagte sie. „Das Kind wandte sich an mich und sagte: „Ich bin gekommen, um dir das Leben zu schenken." Dieser eine Satz. Diese Seele wollte nicht, dass ich mich schuldig fühle, dass ich glaube, ich habe kein Recht zu leben. Sie wollte das Gegenteil: mir Leben schenken. Es war, als würde dieses Kind mir sagen, ich komme jetzt um dritten Mal, ich komme so lange bis ihr versteht." Petra weinte. „Es ist so tief. Ich spürte plötzlich, dass mir vergeben ist. Nicht nur das: Diese Seele hat sich geopfert, nicht damit ich mich schuldig fühle, sondern damit ich erfahre, wie tief Vergebung ist. Ich kann jetzt auch sehen, dass meine Karriere als Personalleiterin so erfolgreich ist, weil ich den Menschen so urteilslos gegenüber trete, weil jeder sich bei mir verstanden fühlt und weil ich mich so unermüdlich dafür einsetze, dass wir für jeden die richtige Lösung finden."
Sie weinte viel.
„Nur mir selbst gegenüber war ich eine unbarmherzige Richterin – und wusste es gar nicht. Aber das ist jetzt vorbei. Ich bin frei – und ich fühle, wie gesegnet ich bin."

Ich erzähle dir diese Geschichte als ein Beispiel für eine tiefe Transformation.

Solche tiefen Transformationen in allen Bereichen unseres Lebens warten auf uns als globale Menschheit. Es ist unser Weg in den Frieden.

Die große Transformation hat begonnen. An den verschiedensten Ecken des Globus beginnen die Menschen tiefer und tiefer zu graben nach dem Trauma, nach der Schuld, nach der Scham. Das uralte Wissen der Heiler, der Schamanen, der Medizinmänner und Medizinfrauen, der Priester, der Prediger, der Künstler, der Autoren, spirituellen Lehrer und Weisen kommt zum Vorschein, verschmilzt global, inspiriert uns, den nächsten Schritt zu machen in die bedingungslose Liebe, die unsere Heimat ist.

Für Petra änderte sich vieles. Sie konnte ihre Erfolge genießen und mit ihrer Arbeit viele positive Lösungen bewirken. Ihr Verständnis von Leben und Tod, von Schuld und Vergebung veränderte sich grundlegend, ihr spirituelles Bewusstsein wuchs, ihr Verständnis für sich selbst und die Menschen gewann eine neue Dimension. Sie begann ein Leben in der Transformation, das ihr selbst und anderen viel Segen brachte.

Sie kann das. Sie kann ein Leben in der Transformation führen.

Wo möchte deine nächste Transformation geschehen?
Und wie kannst du lernen, ein Leben in der Transformation zu führen?

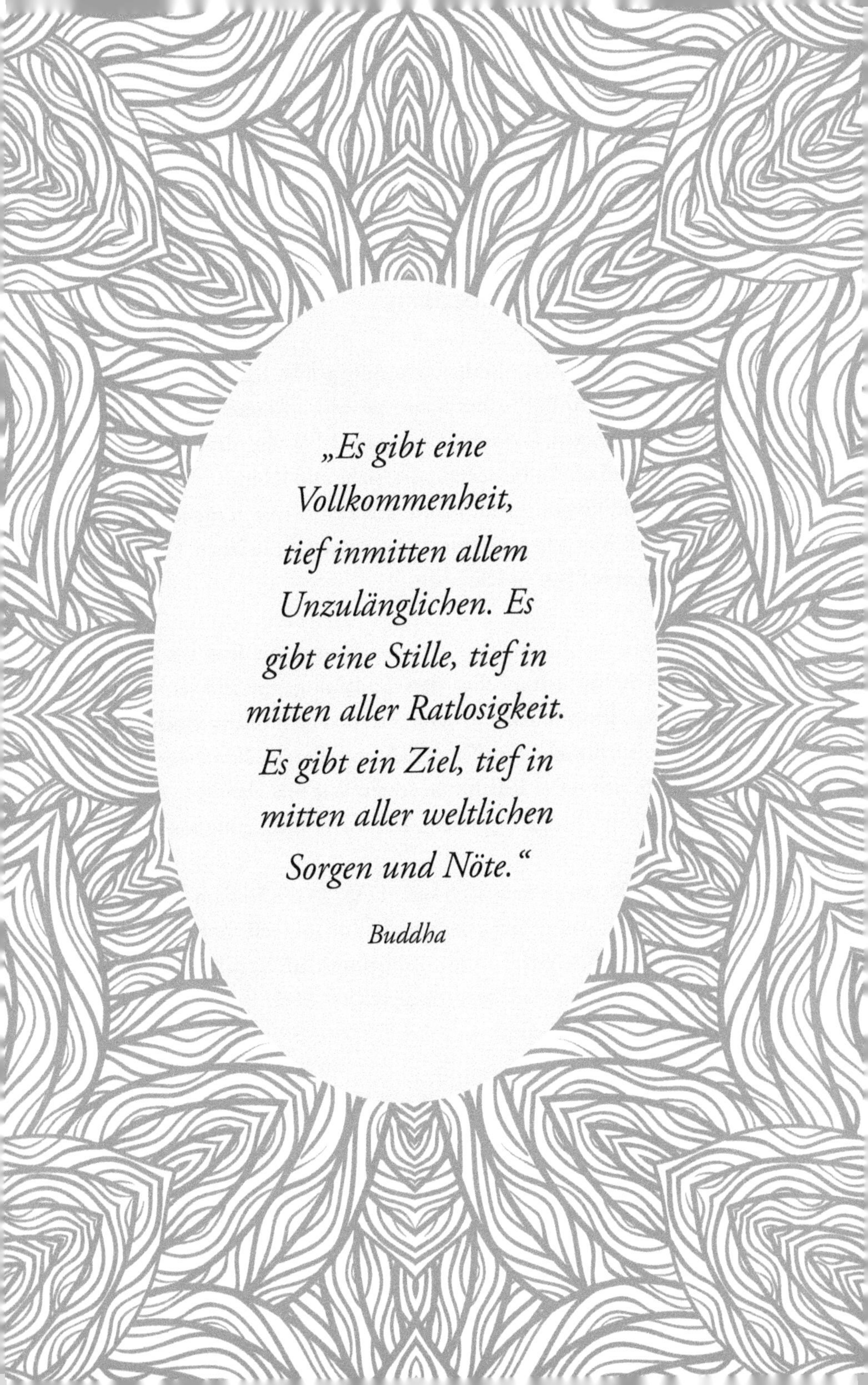

„Es gibt eine
Vollkommenheit,
tief inmitten allem
Unzulänglichen. Es
gibt eine Stille, tief in
mitten aller Ratlosigkeit.
Es gibt ein Ziel, tief in
mitten aller weltlichen
Sorgen und Nöte.“

Buddha

4 · David und Goliath

Ich möchte Talente fördern

Zehn Jahre lang habe ich in Berlin Kreuzberg gelebt. Ich habe dort Talente gefördert. Ich habe eine Bühne und einen Saal voll Publikum für sie organisiert. Musiker, Tänzer, Poeten, Performer, Visionäre. Ich wollte, dass das Publikum ihre neue ungewöhnliche Botschaft hört, sieht und fühlt.
Ich war selbst ein junges Talent. Heute, viele Jahre später, tue ich das noch immer. Ich bilde Menschen aus, ihr einzigartiges Sein zu leben. Das ist auch mein Motiv, dieses Buch zu schreiben.

Ich möchte, dass du unaufhaltsam erfolgreich wirst mit dem, was du liebst, mit dem, was du bist. Ich möchte, dass du damit gutes Geld verdienst und nicht im Mangel leben musst und deine Zeit und dein Talent verschwendest. Weil die Welt dich braucht. Der Planet Erde und alle seine Bewohner brauchen Menschen, die sich selbst lieben und leben. Wir brauchen jede und jeden – in ihrem/seinem einzigartigen Sein. In unserer bedingungslosen Liebe.

Mein „Herz der Kreatur", mein „Ich kann DAS" ist das Fördern von Talenten – und ich bin eines von diesen Talenten, das von mir gefördert wird. Ich bin eine unaufhaltsam Erfolgreiche, die unaufhaltsam Erfolgreiche ausbildet und dabei selbst immer unaufhaltsamer erfolgreicher wird.
Das ist meine Einzigartigkeit.

Die Transformation bringt die grundlegenden Themen zum Vorschein, für Petra zum Beispiel die Fürsorge, ihren Wunsch, für andere den besten Weg zu finden in dem Unternehmen, für das sie arbeitet.

Durch die Transformation entsteht eine neue Geschichte. Petras Geschichte vor der Transformation war: Ich helfe anderen, aber werde selbst immer erschöpfter, weil ich glaube, dass ich es nicht verdient habe. Ihre neue Geschichte ist: „Ich helfe anderen, weil das mein Lebensplan ist – und ich Unterstützung bekomme von einer großen Seele, die schon seit Generationen darauf wartet."

In der Transformation berührst du deine Wahrhaftigkeit.
In der Transformation wirst du frei.

Das „Ich kann DAS" ist die Fähigkeit, deine wahrhaftige Gabe zu berühren.

Das „Ich kann DAS" ist die Fähigkeit, deine wahrhaftige Geschichte zu finden, die dich befreit.

Wie kannst du das finden? Suche da, wo du erschöpfst bist, wo du verletzt bist, wo du wütend bist, wo du traurig bist, wo du verletzbar bist. Da, wo du dich schuldig fühlst.

Bewege dich.

Bislang leben wir als Menschheit in einem statischen Modus. Wir erschaffen etwas, um es festzuhalten. Wir halten unseren Besitz fest, unsere Beziehungen, und vor allem unsere Identität.

Wir halten unsere Geschichten fest.

Suche nach der Geschichte, in der du feststeckst.
In der Geschichte, in der du immer allein bleiben wirst und deinen Seelen-partner nie finden wirst.
In der Geschichte, in der du immer unfähig sein wirst, Geld zu verdienen.
In der Geschichte, in der du immer unverstanden sein wirst.

In der Geschichte, in der du Tiere mehr liebst als Menschen.
In der Geschichte, in der du schuld bist am Unglück anderer.

Und dann finde ein Happy End. So wie Petra.
Nutze das, von dem du glaubst, dass es dich zerstört hat und finde darin deine größte Gabe.

Wenn du deine größte Gabe gefunden hast, kannst du dem Leben voll und ganz begegnen.

Vorher bist du verstrickt in deine Abwehrmechanismen, deine Ausweichmanöver, deine Projektionen, deine unbewussten Ängste, deine Kindheitsprägungen, deine Traumata, die Prägungen deiner Ahnenlinie, die Prägungen deiner Kultur, deine Süchte und Abhängigkeiten.

Deine einzigartige Gabe zu finden gibt dir eine so große Kraft, eine so große innere Stabilität, eine so große innere Ausrichtung, dass alles andere in den Schatten tritt.

David und Goliath

Ein gutes Beispiel ist die Geschichte von David und Goliath. Ich mag diese Geschichten aus der Bibel, weil sie seit mehr als 2000 Jahren von Milliarden von Menschen aus unzähligen Kulturen geprüft wurden und bestanden haben, weil sie einfach sind und zugleich tief spirituell, psychologisch und alltagstauglich.

1. Samuel, 17: „Da trat aus den Lagern der Philister ein Riese mit Namen Goliat und er stellte sich hin und rief den Schlachtreihen Israels zu: … Erwählt einen unter euch, der zu mir herabkomme. Vermag er gegen mich zu kämpfen und erschlägt er mich, so wollen wir eure Knechte sein.

David sprach zu Saul: Dein Knecht wird hingehen und mit diesem Philister kämpfen. Saul aber sprach zu David: Du kannst nicht hingehen zu diesem Philister, … denn du bist ein Knabe, dieser aber ist ein Kriegsmann von Jugend auf.

David aber sprach zu Saul: Dein Knecht hütete die Schafe seines Vaters; und kam dann ein Löwe oder ein Bär und trug ein Schaf weg von der Herde, so lief ich ihm nach, schlug auf ihn ein und errettete es aus seinem Maul. … Der Herr, der mich von dem Löwen und Bären errettet hat, der wird mich auch erretten von diesem Philister.

Und Saul sprach zu David: Geh hin, der Herr sei mit dir!

Als nun der Philister aufsah und David anschaute, verachtete er ihn; denn er war ein Knabe. Und der Philister sprach zu David: Bin ich denn ein Hund, dass du mit Stecken zu mir kommst?

David steht für den Teil in uns, der eine einzigartige Gabe hat und sich darüber bewusst ist. David ist zu der Zeit ein völliger Außenseiter. Niemand traut ihm etwas zu. Er ist ein Schafhirte. Er hat keine besondere Bildung und keinen sozialen Status. Die Geschichte erzählt uns, dass David etwas hat, das wichtiger ist als Bildung und Status: Glauben und Selbstbewusstsein.
Goliath steht für den Teil von uns, der glaubt, dass man größer sein muss als alle anderen, gebildeter, physisch stärker, attraktiver, herausragender, angesehener, dass man als unbesiegbar auftreten muss. Goliath ist der Teil, der seine äußere Erscheinung trainiert, der das Ideal seiner Gesellschaft verkörpert, der überlebensgroß und perfekt erscheint, der Teil, der uns scheinbar unbesiegbar macht.

Es ist Zeit, deine kleine Steinschleuder in die Hand zu nehmen und deinen inneren Goliath mit einem gezielten Wurf auf die Stirn zu erledigen.
David und Goliath, das ist die Geschichte einer Transformation.

Dein Talent, deine Gabe, deine Lebensaufgabe, das ist etwas, das dich so stark und selbstbewusst macht, dass Goliath mit all seinen kompensierten Ängsten und Traumata davor in die Knie geht.

Du sagst jetzt vielleicht: So etwas gibt es in meinem Leben nicht.
Tatsache ist, dass es dein Leben steuert, schon seit deiner Geburt.

Es ist dein Menschsein.

Jeder, der die Geschichte hört, identifiziert sich mit David. Es gibt diesen David in jedem.

Lass den David in dir sprechen.

Du kannst das.

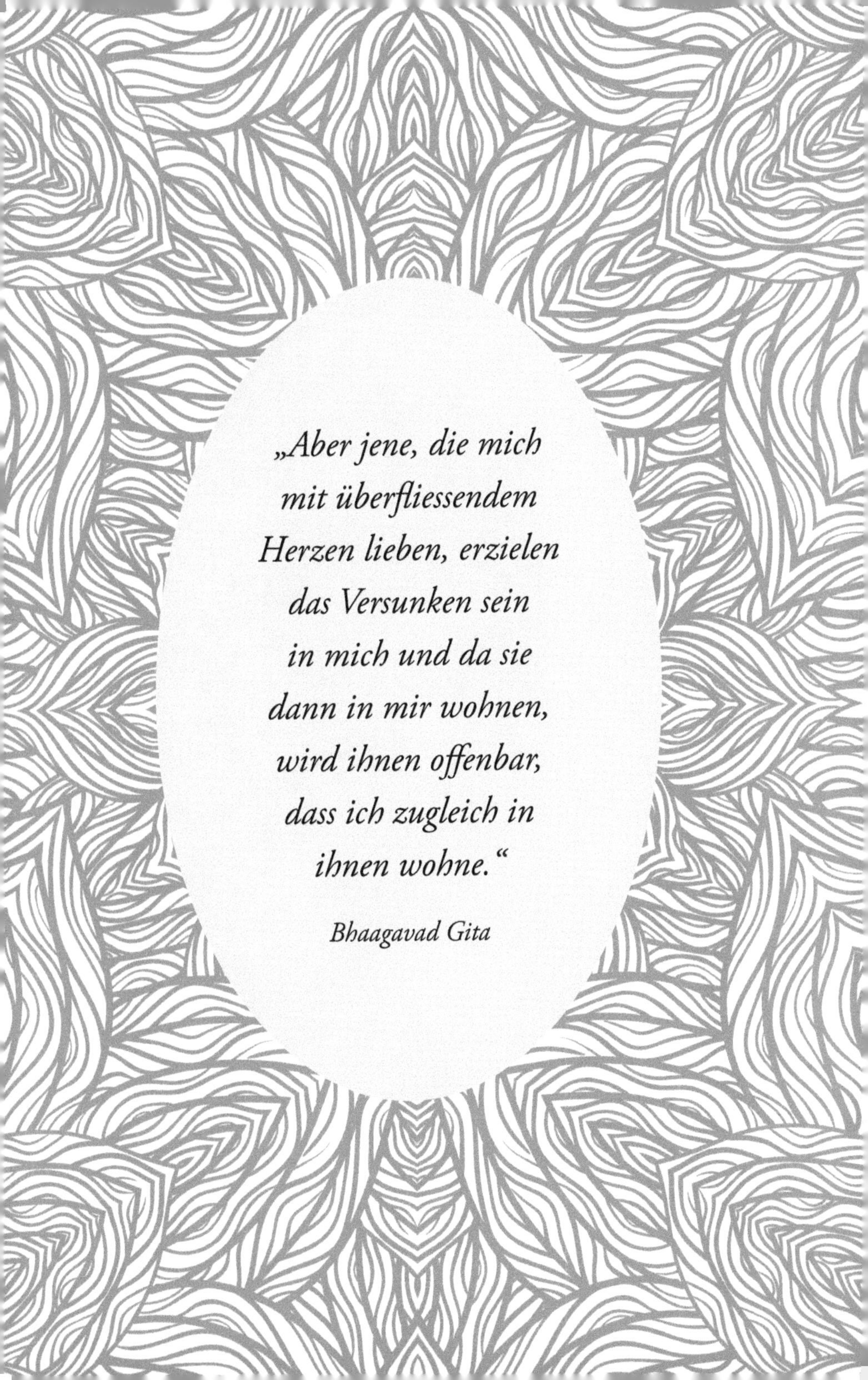

„Aber jene, die mich
mit überfliessendem
Herzen lieben, erzielen
das Versunken sein
in mich und da sie
dann in mir wohnen,
wird ihnen offenbar,
dass ich zugleich in
ihnen wohne.“

Bhaagavad Gita

Der 7. Schritt
Die Zerreissprobe

1 · HERZ ODER KOPF?

Herz oder Kopf?

Es gibt eine Zerreißprobe, die unsere Kultur zerreißt, ein Riss, der mitten durch uns Menschen hindurch geht.
Es st die Zerreißprobe zwischen Herz und Verstand.

Der Kern meiner Arbeit in der Persönlichkeitsentwicklung, basierend auf Tier- und Naturenergie besteht darin, das Herz und den Verstand der Menschen, die sich an mich wenden, in Einklang zu bringen. Das unterrichte ich, darin bilde ich aus, darin transformiere ich Menschen seit über 20 Jahren.

Ich habe das so oft erlebt und kenne mich selbst so gut in dieser Zerreißprobe zwischen Herz und Verstand, dass ich in wenigen Sekunden weiß, wo jemand steht in dieser Zerreißprobe. Ich habe gelernt, das als Energie wahrzunehmen, so wie Tiere das ganz selbstverständlich tun.
Ich sehe dem Menschen an, wo sein Verstand ihn foltert, herumkommandiert, erstarren lässt oder hochmütig macht. Ein Hund kann das noch besser als ich. Oder ein Schmetterling.
Ich übe.
Menschen, die im Einklang von Herz und Verstand leben, sieht man oft mit einem Schmetterling an der Seite oder einem anderen freien Tier, das sich zu ihnen gesellt.

Tiere reagieren eindeutig positiv auf den Einklang zwischen Herz und Verstand.
Und eindeutig negativ auf die Dominanz des Verstandes.
Warum? Weil der Einklang von Herz und Verstand die optimale Überlebensenergie und die natürliche Heilenergie ist.

Im amerikanischen Sprachraum wird das auch „heart brain coherence" oder „heart coherence" genannt und hat auf englisch bei Google 14 Millionen Einträge.

Die Forschungen des von Doc Childre gegründeten HeartMath Institute haben weltweite Bekanntheit gefunden und auch Eingang in anerkannte wissenschaftliche Publikationen.
Mit Heart Coherence ist dabei nicht nur der Einklang von Gefühl und Verstand, sondern zusätzlich von Körper und Bewusstsein gemeint. Die größte Herausforderung, wenn du diesen Einklang suchst, ist jedoch, die Diktatur des Verstandes zu überwinden.

Albert Einstein bringt das Problem in seiner unnachahmlichen Art auf den Punkt:

„Der intuitive Geist ist ein heiliges Geschenk und der rationale Verstand ein treuer Diener. Wir haben eine Gesellschaft erschaffen, die den Diener ehrt und das Geschenk vergessen hat."

Genau das begegnet mir in meiner Arbeit täglich. Genau das ist meine Leidenschaft mit diesem Buch. Das heilige Geschenk der Intuition stark zu machen, damit der Verstand ihm treu dienen kann. Die Intuition setzt das Herz an die erste Stelle und den Verstand in seine natürliche Position als Diener.

Aus Erfahrung kann ich sagen, dass es für die meisten Menschen möglich ist, in einem Jahr mit kontinuierlichem Training eine Verschiebung von der Dominanz des Verstandes in ein Gleichgewicht von Gefühl und Verstand als stabiler Grundlage zu erreichen. Das erzähle ich dir, um dir eine realistische Einschätzung von der Dimension dieser Zerreißprobe zu geben.

Aus Erfahrung kann ich auch sagen, dass es sehr selten ist, dass jemand, der von der europäischen oder US-Kultur geprägt ist, dieses Gleichgewicht in sich hat. Die kulturelle Prägung ist zu stark. Das Training bedeutet unter anderem, einen Abstand zur Prägung durch diese Kultur zu finden. Viele Menschen sehnen sich danach, wissen aber nicht genau, wie sie diese Sehnsucht verwirklichen können. In diesem Buch zeige ich dir den Weg.

Was gewinnst du, wenn du dieses Gleichgewicht trainierst? Hier eine Antwort des Heart Math Institute: „Herz-Kohärenz ist ein Zustand von hoher Leistungsfähigkeit und Gesundheit – physisch, emotional, mental und spirituell – der das Beste in uns zum Vorschein bringt. Er schließt harmonische Ordnung, Verbundenheit, Stabilität, und effektive Nutzung von Energie mit ein.“

Auf den Punkt gebracht bedeutet das: Herz-Verstand-Kohärenz ist eine unumgängliche Basis für deinen unaufhaltsamen Erfolg.

Das „Ich kann das„ ist die Fähigkeit, Fühlen und Denken in Einklang zu bringen.

2009 bin ich zu Linda Kohanov auf die Apache Springs Ranch in Arizona gereist. Linda Kohanov ist eine weltweit bekannte Pionierin des pferdegestützten Erfahrungslernens. In ihren Büchern untersucht die Journalistin die präzisen energetischen Prozesse, die sich zwischen Menschen und Pferden abspielen und findet dafür wissenschaftliche Beweise und uralte spirituelle Traditionen, wie das Tao Te King, die diese Vorgänge beschreiben.

Linda Kohanovs revolutionäre These ist, dass Pferde tiefe Empathie empfinden und diese auf Menschen übertragen und dass dadurch Heilprozesse und Wachstumsprozesse entstehen. Ich erlebe diese Heil- und Wachstumsprozesse seit vielen Jahren und kann sagen, dass diese Art der Heilung und des Erfolgs sehr real sind und wirksamer als die meisten bislang bekannten

Heil- und Erfolgswege. Eben weil sie durch die tief emphatische Verbindung mit Tieren kommt – und weil dabei das menschliche Ego nicht im Weg steht. Und weil der Schmerz der Menschen oft durch eine Verletzung anderer Menschen kam. Für diese Menschen ist es leichter, einem Tier zu vertrauen, als einem menschlichen Therapeuten.

Oft kommen Menschen zu mir und den von mir ausgebildeten Trainern, die schon vieles andere probiert haben und gescheitert sind. Und sie finden Lösungen in der Verbindung mit den Pferden und Tieren, die sie mit menschlichen Therapeuten oder Coaches nicht gefunden hätten.

Zurück in das Jahr 2019 als ich noch ahnungslos war. Ich ging auf die Apache Springs Ranch zu Linda Kohanov, weil ich eine dringende Lösung brauchte für mein junges arabisches Pferd, das ich nicht bändigen konnte und dessen Verhalten lebensgefährlich geworden war.
Statt Trainingstipps hat man mir das schamanische Reisen beigebracht. Ich dachte zuerst, ich hätte den falschen Workshop gebucht. Aber was sollte ich tun? Ich war verzweifelt. Alle anderen Methoden hatten nicht funktioniert.

Schamanisches Reisen also. Ich dachte damals, Schamanen wären Menschen, die 12 Jahre allein im sibirischen Wald verbracht hatten und mit Tiermasken auf dem Kopf wirre Worte ausspuckten, aber hier waren amerikanische Frauen, die uns sagten, dass sie jetzt gleich 15 Minuten trommeln würden und wir dabei ein Krafttier treffen würden, das uns eine Botschaft gibt.

Das erste Krafttier, das mir begegnete, war ein Fuchs. Er sah mich an und sagte: „Ich kenne dich".
Ich war irritiert. Ich wollte keinen Fuchs treffen. Er war schlau, er hatte sofort meine Schwachstelle gefunden. Er hatte entdeckt, dass ich auch schlau war und dass ich meine Schläue hasste. Ich wollte ahnungslos und glückselig sein und nicht den ganzen Tag meinem verrückten Verstand zuhören. Ich wollte

nicht mehr das „smart ass" sein, die Besserwisserin, die immer das letzte Wort haben musste. Ich wollte nicht von anderen gesagt bekommen, dass ich kühl und gefühllos wäre und einfach zu intelligent. Ich wollte keinem schlauen Fuchs begegnen, sondern einer Kuschelkatze oder einem Delphin oder einem Einhorn, das mir sagte, wie liebenswert ich war.

Aber vor Krafttieren kannst du nichts verbergen. Das brachten die Krafttiere mir gnadenlos bei. Meine schlauen Versteckmanöver, die bei Menschen gut funktionierten, blieben wirkungslos. Viele Jahre haben die Krafttiere jede dunkle Ecke in mir beleuchtet, jede gut versteckte Wahrheit ausgegraben. Sie haben mir gezeigt, dass meine Intelligenz nicht meine größte Stärke ist, wie ich immer geglaubt hatte. Sondern meine Liebesfähigkeit.
Sie haben mich durch die dunkelsten Momente meines Lebens getragen.

Heute bin ich ihnen unendlich dankbar. Sie waren und sind meine großen Lehrer.

Und eines von ihnen hat mir das Leben gerettet. Als ich vor einigen Jahren im Begriff war, den wichtigsten Menschen in meinem Leben zu verlieren und mich immer mehr selbst aufgab, um Liebe zu finden, begegnete ich einem Tiger. Zu dem Zeitpunkt war ich ein nervöses Wrack. Das Leben schickte mir jede Menge Zeichen, dass der Zusammenbruch bevorstand, aber ich trainierte mich hartnäckig im positiven Denken. Ich schmiedete jeden Tag neue Pläne für eine positive Zukunft und arbeitete rund um die Uhr daran, die Pläne umzusetzen.

Bis zu einer schamanischen Reise auf einem Seminar, die von Chief Dancing Thunder getrommelt wurde.
Während Dancing Thunder trommelte, sprang mir ein Tiger direkt ins Gesicht, ich sah seine Reißzähne, die sich in mein Fleisch bohren wollten. Ich erschrak bis ins Mark. Der Tiger sagte: „Wenn du dich jetzt nicht wehrst,

fresse ich dich auf." Die Begegnung war so nachdrücklich, dass ich noch Tage danach an allen Gliedern zitterte.

Das war mein Weckruf.

Die Trennung vom wichtigsten Menschen in meinem Leben war einer der mutigsten Schritte meines Lebens, emotional und finanziell. Ohne den Tiger hätte es viel schlimmer ausgehen können. Der Tiger half mir Schritt für Schritt. Zwei Jahre später sah ich ihn auf einer schamanischen Reise entspannt auf dem Boden neben mir liegen. Da wusste ich, ich war in meinem neuen Leben angekommen. Ich hatte gute Grenzen entwickelt und ein neues unabhängiges Selbstbewusstsein. Der Tiger war zu meinem Bodyguard geworden.

Die Begegnungen mit den Krafttieren sind zwar imaginär, aber die Wirkung ist so nachhaltig, dass sie einen großen Einfluss auf das alltägliche Leben und unsere Entscheidungen haben.

Die Begegnungen mit den Krafttieren sind so nachhaltig, weil sie so wahrhaftig sind. Die Krafttiere ermöglichen uns einen Zugang zu einer Selbstwahrnehmung, die sonst nur schwer zu finden ist. Was wir dort in uns selbst finden, ist etwas Weises, Einfaches, tief mit dem Leben Verbundenes.

Am Anfang des Jahres 2023 habe ich alles, was ich von den Krafttieren gelernt habe, in ein 3-monatiges Programm gepackt, um es anderen zu vermitteln. Wenn ich mit den Teilnehmer:innen dieses Programms spreche, merke ich, dass sie, wie ich, andere Menschen geworden sind – durch die Krafttiere. Von innen heraus glücklich. Mit Urvertrauen ins Leben.

Krafttiere haben mich unaufhaltsam erfolgreich gemacht – durch ihren tiefen, wachen Instinkt und ihr seelenvolles Dienen.

Wenn man beginnt, mit Krafttieren zu arbeiten, zeigen sie einem vor allem die Diktatur des eigenen Verstandes. Sie lehren dich, wie dein Herz und dein Verstand zusammen arbeiten können. Sie lehren dich, wie du diese Zerreißprobe, die so viel Kraft kostet, in Energie verwandeln kannst.

Viele Jahre haben mir die Krafttiere gezeigt, wie mein Verstand arbeitet, so lange bis er sich zur Ruhe legte und sich erholen konnte. Als er zur Ruhe kam, verwandelte sich meine Intelligenz in Weisheit.

2023 habe ich 4000 Menschen gefragt, welche fünf Eigenschaften am meisten auf mich zutreffen würden und die am meisten genannte Fähigkeit war „liebevoll". Ich weinte. Ich war wirklich ein anderer Mensch geworden, und die Menschen konnten es sehen.

Krafttiere haben mich unterrichtet in der Intelligenz der Wildnis. In der Liebe.

Diese Zerreißprobe steht für dich an, wenn du weitergehst auf deiner Heldenreise in den unaufhaltsamen Erfolg.

Sind dein Herz und dein Verstand im Einklang? Für Momente? Für längere Zeiträume? Abhängig von den Umständen? Oder bedingungslos?

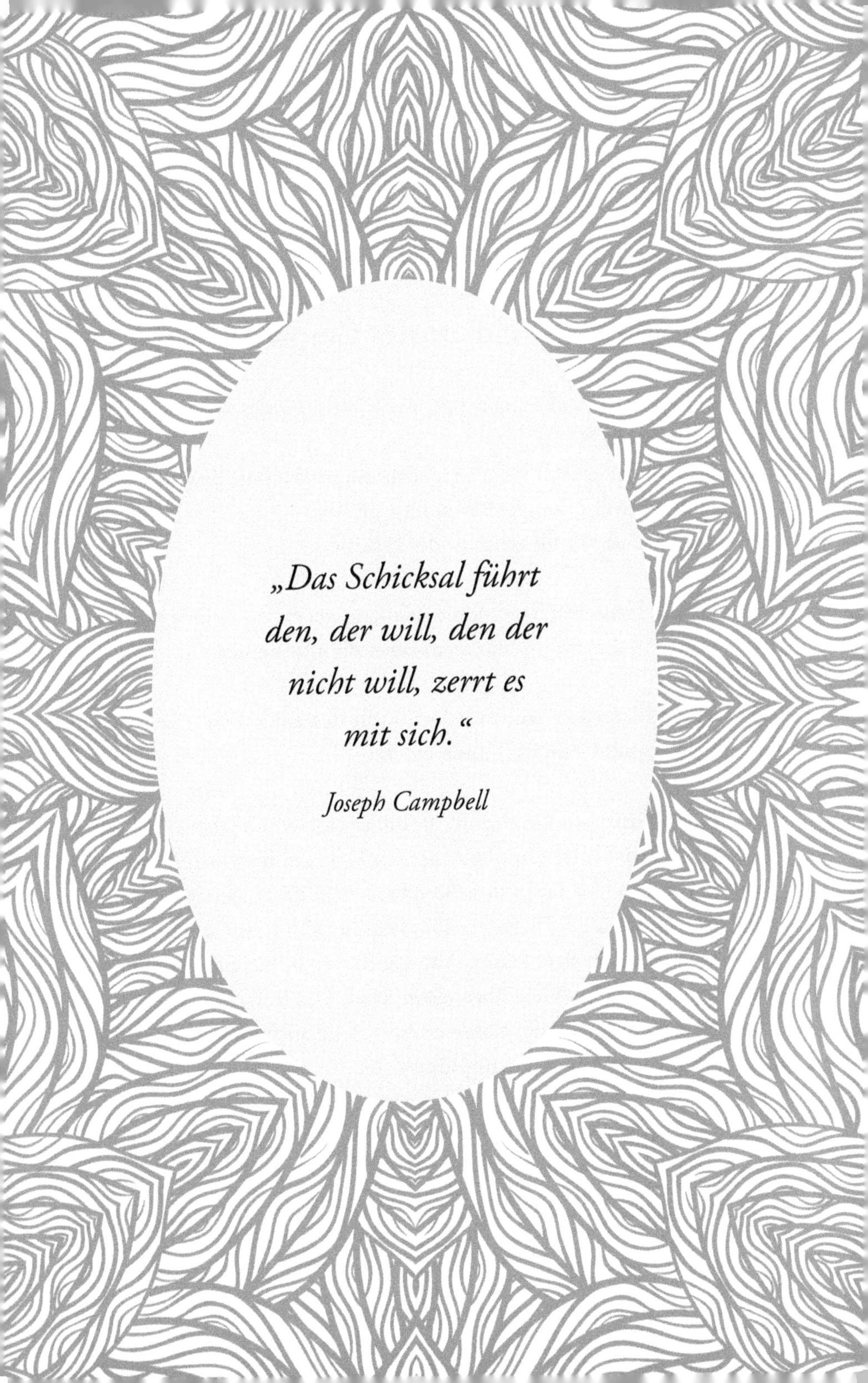

„Das Schicksal führt
den, der will, den der
nicht will, zerrt es
mit sich.“

Joseph Campbell

2 · Wir müssen ein ernstes Gespräch führen

Serious Talking – ein ernstes Gespräch

Wir sind an dem Punkt angelangt, wo wir ein ernstes Gespräch führen müssen. Du und ich.
Die ersten sechs Schritte deiner Heldenreise machen dir bewusst, wer du bist, wo du hinwillst, welche Ressourcen du hast.
Der zweite Teil der Heldenreise ist der Praxistest.

Wenn ich die Menschen frage, ob sie Resultate wollen, ob sie ihr Traumleben leben wollen und nicht nur träumen, sagen die allermeisten JA.

Die meisten Menschen kennen jedoch nicht den einen Fakt, über den ich mit dir ein ernstes Gespräch führen möchte.

Ich erzähle dir dazu eine Geschichte, die mir erst gestern zu Ohren gekommen ist hier in Jamaika. Der Onkel eines guten Freundes hat einen Herzinfarkt erlitten. Um sein Überleben zu sichern braucht er eine Operation, die 5000 US-Dollar kostet. Mein Freund hat ihm finanzielle Unterstützung angeboten. Der Onkel hat kein Bankkonto. Also bat ihn mein Freund, ein Konto zu eröffnen, damit er das Geld überweisen kann. Das war vor zwei Monaten. Der Onkel hat bis jetzt kein Konto eröffnet. Und auch sonst kein Geld aufgetrieben für seine lebensrettende Operation.

Manche sagen jetzt vielleicht: Sowas passiert in Jamaika, wo die Menschen arm und ungebildet sind.

Der ernste Fakt, über den ich mit dir sprechen möchte, ist, dass 95 % aller Menschen genau so handeln wie der Onkel meines Freundes: Sie sterben lieber als etwas zu tun, das sie noch nie getan haben.

Sie sterben lieber als sich zu verändern.

Ich möchte dir auch ein positives Beispiel erzählen.

Dr. Ornish

1993 überredete der Arzt Dr. Ornish die US-Versicherung Mutual of Omaha, ein Experiment zu finanzieren. 333 Patienten mit stark verstopften Arterien wurden dabei unterstützt, mit dem Rauchen aufzuhören und Dr. Ornishs Diät zu befolgen. Die Patienten besuchten zwei Mal wöchentlich eine Gruppe, die von einem Psychologen geleitet wurde und erhielten Anleitungen in Meditation, Stressabbau, Yoga, Ernährung, und der Verbesserung ihrer Beziehungen. Das Programm dauerte ein Jahr. Nach drei Jahren stellten die Versuchsleiter fest, dass 77 % der Patienten die Veränderung ihrer Gewohnheiten beibehalten hatten und damit die Bypass-Operation oder andere medizinische Eingriffe nicht länger benötigten. Die Versicherung sparte 30.000 US-Dollar pro Patient.[1]

Nach 5 Jahren hatten sogar 99 % der Patienten, die an Dr. Ornishs Programm teilgenommen hatten, ihre Herzkrankheiten geheilt. In der Kontrollgruppe, die ihre Gewohnheiten nicht veränderte, ging es 45 % schlechter, 50 % zeigten keine Veränderung und nur 5 % ging es besser.

Ich erzähle dir das, damit du eine reale Einschätzung bekommst für die Bereitschaft von uns Menschen für Veränderung. Wenn wir uns selbst überlassen sind, vermeiden wir die Veränderung. Nur 5 % schaffen es, sich von sich aus zu verändern.

Herzlichen Glückwunsch also, dass du dieses Buch liest, denn du hast dich entschieden, es nicht nur allein zu probieren. Du liest ein Buch, in dem du einen sehr wirksamen, erprobten Weg kennenlernst, wie du dich positiv verändern kannst in allen Bereichen deines Lebens.
Jetzt liegt es an dir, die Erfahrungen, die du mit diesem Buch machst, umzusetzen. Genau darum geht es im zweiten Teil deiner Heldenreise.

---

1 Quelle: Internet: Mutual of Omaha Dr. Ornish

Ich habe dir diese Beispiele erzählt, damit du eine reale Einschätzung bekommst von dem, was dir bevorsteht im zweiten Teil der Heldenreise, dem Praxistest.

Solveig

Ich möchte dir von Solveig Schmidt erzählen. Solveig Schmidt ist in der ehemaligen DDR aufgewachsen und führte dort ein Leben wie viele andere. Ein großer Schmerz jedoch begleitete sie durchgehend: Ihre Beziehungen zu Männern waren alle gescheitert. Obwohl sie tief und aufrichtig liebte, wurde sie oft ausgenutzt und hintergangen. Ihre Freude war ihr Pferd Luzi.

Als wieder einmal eine Beziehung gescheitert war, plante sie einen mehrwöchigen Wanderritt mit Luzi. Aber am Tag als es losgehen sollte, verstarb die Stute unerwartet. Das traf Solveig so sehr, dass sie tief im Innern fühlte: Etwas muss sich grundsätzlich ändern. Ich muss einen Weg finden, wie ich nicht immer wieder von denen verletzt werde, die ich am meisten liebe.
Sie wusste, dass es nicht genügen würde, ihr Verhalten zu verändern. Sie musste eine andere werden.
Solveig machte sich auf die Heldenreise. Schritt für Schritt machte sie sich bewusst, welche Gedanken, Gefühle, Gewohnheiten, welches Bewusstsein die immer gleiche Enttäuschung hervorbrachten. Schritt für Schritt fand sie in sich selbst neue Antworten, neue Gedanken, neue Gefühle, ein neues Bewusstsein. Schritt für Schritt veränderte sich dadurch auch ihr Leben.
Sie schloss sich einem Wanderreiter an, mit dem sie drei Monate durch Argentinien ritt. Sie verliebte sich, aber auch diese Beziehung scheiterte.

Inzwischen war Solveig mutig geworden und hatte gelernt, glücklich zu sein, unabhängig von einer Beziehung zu einem Mann.
Jetzt stand sie vor der Zerreißprobe: Kann ich als Frau allein durch Argentinien reiten? Finde ich die Pfade ohne die Hilfe meines Partners? Oder ist das zu gefährlich? Zu einsam?
Im nächsten Winter ritt Solveig drei Monate allein durch die Anden, wo sie außer den Gauchos, die dort Tiere hüten, kaum einen Menschen traf. Wo sie allein die Pfade fand, die zuvor ihr ortskundiger Begleiter gekannt

hatte. Sie schlief in ihrem Zelt und kochte am Feuer. Sie meisterte die Herausforderungen der Wildnis. Drei Monate lang war sie mit ihren zwei Pferden, einem Reitpferd und einem Packpferd unterwegs, und sie fand die tiefe Verbindung zur Natur, nach der sie sich ein Leben lang gesehnt hatte. Sie kehrte zurück, glücklich und erfüllt.

Solveig arbeitete weiter an sich. Sie schrieb ein sehr bewegendes Buch, in dem sie ihre Geschichte erzählt in Gestalt der Figur Alma. „Hunger nach Leben". Das Schreiben half ihr, noch bewusster zu werden.

Inzwischen hatte sie die Ausbildung zum Hero's Journey Instruktor abgeschlossen.
Die nächste Zerreißprobe wartete auf Solveig. Sie wollte im nächsten Winter wieder durch Argentinien reiten. Ihre Leidenschaft für Argentinien und das Wanderreiten ließ sich nicht länger vereinbaren mit ihrer Festanstellung.

Solveig kündigte ihre 30-jährige Anstellung und machte sich selbstständig als Coach und Seminarleiterin. Sie liebte es, Frauen dabei zu unterstützen, ihren Ruf zu finden und selbstbewusst das Leben zu leben, das sie sich wünschten. Sie selbst war das beste Vorbild. Die Menschen, die ihre Seminare besuchten, sagten hinterher: „Die drei Tage mit Solveig und der Heldenreise haben mein Leben verändert."

Ich durfte Solveigs Weg in die Freiheit begleiten und darf erleben, wie sie mehr und mehr strahlt von innen heraus, wie sie immer mutiger wird, wie der Erfolg unaufhaltsam in ihr Leben kommt und sie immer größere Träume verwirklicht.

Ich darf auch erleben, wie immer neue Zerreißproben in ihr Leben kommen und wie sie ihnen nicht ausweicht, sondern sich mitten hinein begibt. Egal ob es darum geht, als Coach sichtbar zu werden, Marketing zu lernen oder ihre Pferde allein in der Pampa vor einem Puma zu schützen.

Die bisher größte Zerreißprobe erlebte Solveig in der Einsamkeit der Anden. In dieser Nacht schien sich zu wiederholen, was sie mit Luzi erlebt hatte: Ihr Pferd Söckchen lag im Sterben begriffen. Wieder stand sie kurz davor, das zu verlieren, was sie am meisten liebte. Würde sich der Schmerz, der sich durch ihr Leben zog, wiederholen?

Söckchen lag am Boden, sein Körper ein einziger Schmerz. Es gab nichts, was Solveig äußerlich tun konnte. Es gab keinen Tierarzt weit und breit. Aber es gab etwas, was sie im Inneren tun konnte. Sie konnte an das scheinbar Unmögliche glauben.
Sie saß bei Söckchen, trommelte und bat ihre spirituellen Helfer um Unterstützung. Sie glaubte. Während Söckchen mit dem Überleben kämpfte, kämpfte Solveig mit sich selbst. Wie stark war ihr Glauben? Würde er ausreichen? War Heilung möglich, wenn alles auf Tod hinwies? Konnte sie allein mit ihrem Glauben das Leben des Pferdes retten? Würde sich wiederholen, was mit Luzi passiert war? Hatte sich wirklich etwas verändert in ihr oder würde sie wieder denselben Schmerz erleben und das verlieren, was sie am meisten liebte?
In dieser Nacht, in dieser Zerreißprobe, in dieser Ohnmacht, erlebte Solveig, dass sie dem Leben vertrauen konnte. Söckchen überlebte die Nacht, wurde gesund und ist heute so munter wie je zuvor. Solveigs Vertrauen in das Leben wurde durch diese Erfahrung tief und unerschütterlich. Sie war dem Fluch der Wiederholung entkommen. Die Heldenreise ihres bisherigen Lebens hatte ein positives Ende gefunden. Die Transformation war vollzogen.
Ihr Erfolg wurde unaufhaltsam.

Das „Ich kann das" ist die Bereitschaft, etwas zu verändern, so lange bis du eine andere geworden bist und dein Leben ein anderes geworden ist.

Das „Ich kann das" ist die Gewissheit, dass sich nichts verändert, wenn du dich nicht veränderst – und dich dann auf den Weg zu machen.

Im nächsten Kapitel nehme ich dich mit in das Feuer der Zerreißprobe.

„Du wirst auf die härtesten
Momente deines Lebens
mit Staunen und Freude
zurückschauen. Du wirst
diese Momente lieben für das,
was sie dich lehren und für
die Bedeutung, die sie deinem
Leben gegeben haben."

Dr. Benjamin Hardy

3 · LEIDEN ODER LIEBEN?

Das Feuer der Zerreißprobe

Du bist im Praxistest angekommen. Du liest ein Buch. Du lernst die Gesetze des unaufhaltsamen Erfolgs kennen.

Du hast gelernt, dass es nicht nur um Wissen, sondern um die Anwendung geht. Darum, dir den Weg nicht nur vorzustellen, sondern ihn auch zu gehen. Deinen Weg zu gehen, das kann ich dir nicht abnehmen mit einem Buch. Aber ich kann dir bewusst machen, was passiert, wenn du nicht losgehst.

Wie auch immer du dich entscheidest, ob du losgehst oder nicht losgehst, ob du beginnst, dich zu verändern oder nicht, – es hat Konsequenzen.

Im Kern der Zerreißprobe bist du diejenige, die entscheidet, ob du wachsen willst oder sterben, ob du leiden willst oder lieben, ob du glückselig sein willst oder unglücklich.

Du bist vollkommen frei. Niemand muss wachsen, lieben, gesund oder glücklich sein. Es ist eine Möglichkeit. In diesem Buch vermittle ich dir, dass es eine reale Möglichkeit ist. Was du damit anfängst, liegt an dir.

Wenn du die bisherigen Schritte ernst genommen hast, wenn du den unaufhaltsamen Erfolg ernsthaft suchst, spürst du jetzt diese innere Zerreißprobe. Dann ist etwas in dir erwacht, das sagt: Ja, ich will. Ich will wachsen, ich will jemand sein, den ich noch nicht kenne. Der mich fasziniert.

Und dann kannst du eine andere innere Stimme hören, die sagt: Muss das sein? Ich habe doch ein schönes Leben. Wozu das Risiko eingehen? Wozu so viel zurücklassen? Andere enttäuschen. Mein Zuhause und meine Sicherheit verlieren.

Und diese beiden Stimmen werden immer lauter. Und diese beiden Stimmen sind gleich stark.

Wenn du die eine beruhigt hast und dich entschieden hast, auf sie zu hören, wird die andere um so lauter. Unausweichlich. Das ist das Feuer der Zerreißprobe. Dieses Feuer brennt in deinem Inneren. Dein Verstand versucht, es zu löschen. Aber dein Verstand ist nicht mehr die oberste Instanz. Etwas in deinem Inneren ist erwacht, das stärker ist als alle vernünftigen Argumente.

Es ist wichtig zu wissen, dass dieses Durchgangsstadium unvermeidlich ist. Es fühlt sich an, als ob jemand an deinem linken Arm in die eine Richtung zieht und jemand anderer an deinem rechten Arm in die andere Richtung. Dein Verstand zieht in die eine Richtung.
Dein Herz zieht in die andere.

Die Zerreißprobe dauert so lange an, bis das Herz stärker geworden ist. im Feuer der Zerreißprobe gewinnt das Herz. Im Feuer der Zerreißprobe wird das Herz stark. Das ist der Sinn der Zerreißprobe.
Wenn das Herz stark genug geworden ist, kommt Ruhe. Es ist eine überraschende Ruhe, denn sie kommt unerwartet.
Plötzlich ist sie da.
Sie wurde nicht durch ein äußeres Ereignis ausgelöst.

Jetzt, da du die Macht der Zerreißprobe kennengelernt hast, möchte ich dir noch sagen, was passiert, wenn du keine Zerreißprobe erlebst.
Ohne Zerreißprobe findet gar kein Wachstum statt.
Ohne Zerreißprobe gibt es keinen unaufhaltsamen Erfolg.
Du kannst weiter an allem leiden, was dich unglücklich, krank und leer macht.

Was du nicht kannst, ist dein Leben so weiterleben wie bisher. Das kann niemand. Denn das Leben verändert sich andauernd, auch ohne dich.

Am Ende deines Lebens wirst du nicht bereuen, was du getan hast und woran du gescheitert bist, sondern das, was du nicht getan hast. Das haben Befragungen von Sterbenden ergeben.
Der beste Tipp ist: Wenn du einen Traum hast, handle jetzt. Wenn du nur noch fünf Atemzüge hast, ist es für manche Projekte zu spät.

Das „Ich kann das" ist der Mut, dich in das Feuer der Zerreißprobe zu begeben und dein Herz darin wachsen zu lassen, bis es stark wird und ruhig. Stark genug, um deine Träume zu leben.

„Jage der Zukunft nach.
Lebe in der Welt von
morgen. Es ist die span-
nendste Art zu leben.
Jeder Tag wird wie
ein Kindergeburtstag
sein mit überraschen-
den Durchbrüchen.“

Derek Sivers

4 · Lebe in der Welt von morgen

Kann es wirklich leicht gehen?

Ich unterhielt mich mit einem pensionierten Schulleiter, der jahrzehntelang ein Gymnasium geleitet hatte. Ich fragte ihn, ob er froh wäre, nicht mehr in die Schule zu gehen. Er nickte leise.
„Was war anstrengend?", fragte ich ihn.
Seine Antwort blieb bei mir hängen. Sie ist nicht nur eine Antwort auf die Frage, warum es anstrengend ist, Schulleiter zu sein. Sie ist auch eine Antwort auf die Frage, warum es für die meisten Menschen anstrengend zu sein scheint, Erfolg zu haben.

Die Antwort des pensionierten Schulleiters war: „Die Hasen zum Jagen zu tragen, das war anstrengend." Damit meinte er seine Schüler. Die Hasen wollten nicht jagen.

Solange wir Hasen sind, können wir nicht jagen. Der Schulleiter musste seine Schüler andauernd zu etwas motivieren, wozu sie keine Lust hatten.

Die meisten Menschen verfolgen Ziele, zu denen sie nicht wirklich Lust haben. Weil sie Geld verdienen müssen oder soziale Anerkennung suchen. Die wirklichen Ziele sind verborgen, nicht erlaubt, als verrückt, sinnlos, brotlos, egoistisch oder abwegig verurteilt.

Wir verfolgen Ziele, die gesellschaftlich anerkannt sind. Die scheinbar garantierte Sicherheit und Anerkennung bringen.

Ziele, die aus unserer Einzigartigkeit kommen, dagegen, erscheinen uns gefährlich, weil wir mit ihnen einen einsamen Weg einschlagen. Weil wir jede Garantie und Sicherheit hinter uns lassen.

In der Zerreißprobe, dem siebten Schritt der Heldenreise, ist unsere authentische Kraft, unsere Einzigartigkeit so stabil geworden, dass unsere authentischen, einzigartigen Ziele sich hervorwagen.
Diese Ziele haben eine viel größere Kraft als jedes konditionierte Ziel.
Diese Ziele wollen in die Welt, sie wollen gelebt werden. Auf dem Weg dahin hüpfen wir, singen wir, springen wir, haben wir Flügel und sind hellsichtig.

In meinen Kursen, in denen ich den unaufhaltsamen Erfolg unterrichte, erlebe ich immer wieder, dass der innere Wunsch unerwartet anders ist als der äußere. Dazu möchte ich dir die Geschichte von Elvira erzählen.

Elvira

Elvira war Tierheilpraktikerin. Sie hatte über Jahrzehnte ein geniales und innovatives System entwickelt, wie sie chronische Krankheiten bei Hunden behandeln konnte, eine Revolution in der Welt der Hundekrankheiten.

Elvira nahm an meinem Erfolgskurs Teil, weil sie schon seit langem ein Buch darüber schreiben wollte. Die Notizen häuften sich auf ihrem Schreibtisch, aber sie fand einfach nicht die Motivation, sich hinzusetzen und zu schreiben.

Die Motivation zum Schreiben eines Buches ist tatsächlich für die meisten Menschen eine Herausforderung, ähnlich einer Wüstendurchquerung, allein mit einem Kamel.
Als Schreibcoach kenne ich wirksame Wege für eine erfolgreiche Wüstendurchquerung, aber alle diese Mittel prallten an Elvira ab.

Elviras Heldenreise nahm ihren Lauf. Sie geriet in die Zerreißprobe. Ihr Verstand wollte weiterhin das Buch schreiben. Zur gleichen Zeit interessierte sie sich sehr für eine Ayurveda-Ausbildung in Indien.

Das bedeutete für Elvira, eine ganz neue Richtung einzuschlagen. Sie hatte Angst, dass ihre neue Leidenschaft Konsequenzen haben würde. Ihre über Jahrzehnte aufgebaute Tätigkeit als Hundespezialistin würde zum Stillstand kommen, ihre Kunden würden das Vertrauen verlieren.

Elviras Zerreißprobe nahm Fahrt auf. Ihr lebenslanges Interesse für Hunde und ihre Krankheiten hatte sich auf beängstigende Weise aufgelöst. Sie sagte Kundentermine ab, um mehr Zeit zu haben, – aber nicht, um ihr Buch über chronische Krankheiten von Hunden zu schreiben, sondern um Bücher über Ayurveda zu lesen. Es fühlte sich für Elvira wie fremd gehen an. Sie bekam Schuldgefühle.

Schließlich buchte sie einen Flug nach Indien – zu ihrer neuen Liebe Ayurveda.

„Es war ganz leicht", sagte sie. Eines Morgens wachte ich auf und eine Stimme in mir sagte: ‚Es darf leicht sein.'
„Plötzlich war es mir egal, ob es Hunde oder Ayurveda ist. Es ging nicht um Hunde oder Ayurveda. Ich wollte die Schwere nicht mehr. Ich wollte, dass mein Leben wieder leicht wird. Und Ayurveda war leicht."

Das „Ich kann das" ist die Fähigkeit, das Ziel zu finden, das du mit Leichtigkeit erreichst.

Etwas Ähnliches aber mit einem anderen Verlauf erlebte Jutta.

Jutta

Juttas Ruf war es, sich selbständig zu machen als Qigong – Lehrerin und Ernährungsberaterin. Sie war sehr inspiriert und begann, die Selbstständigkeit in die Wege zu leiten. Sie besuchte Kurse in Marketing, Buchhaltung und Gründung. Je näher sie ihrem Traum kam, desto größer wurden ihre Ängste.
„Am Anfang schien es so leicht", sagte sie. „Jetzt wache ich mitten in der Nacht auf und habe Angst. Tagsüber habe ich Panikattacken und möchte das Ganze am liebsten rückgängig machen."
Sie steckte in der Zerreißprobe: In der Festanstellung bleiben – oder den Traum der Selbständigkeit verwirklichen?
„Es ist die Hölle", sagte sie. „Ich habe die Wahl zwischen einem Job, der mich frustriert und ermüdet und der Selbständigkeit, die mir den Schlaf raubt."
„Das ist ein gutes Zeichen", sagte ich zu ihr.
Sie lachte spitz.
„In der Zerreißprobe wird das rohe Metall geschmiedet, es gewinnt die Form, die es braucht, um die neue Herausforderung zu meistern."
Ich erzählte ihr die Geschichte von den drei Männern, die sich weigerten das goldene Bild des Königs Nebukadnezar anzubeten. Zur Strafe ließ der König sie in den Feuerofen werfen.
In diesem Feuerofen war Jutta gelandet.
Die drei Männer kehrten unversehrt aus dem Feuerofen zurück. Kein Haar war versengt und sie rochen nicht einmal nach Rauch, so heißt es in der Bibel. (Daniel 3, 1–30)
Ich erzählte Jutta auch von dem einen bemerkenswerten Detail: „Ich sehe aber vier Männer frei im Feuer umhergehen und der vierte sieht aus, als wäre er ein Sohn der Götter."

Jutta erzählte, dass sie in der letzten Zeit viel allein im Wald spazieren gehe und dort Entspannung und neue Kraft findet.

In der Zerreißprobe lernen wir, innerlich so stark zu sein, dass das äußere Feuer, die Ängste, Zweifel und Enttäuschungen uns kein Haar krümmen können. Wir lernen, dass wir, wenn wir auf unsere innere Kraft vertrauen, göttliche Hilfe bekommen.
In der Zerreißprobe lernen wir, dass unser Glauben stark wird, dadurch, dass wir anfangen, unsere Träume zu verwirklichen.

Wir lernen, den Fokus wegzunehmen von den äußeren Ereignissen und ihn auf die innere Kraft zu richten.

Nachdem Jutta viele Tage im Wald spazieren gegangen war, stand eines Tages mitten in ihrem Weg ein Reh. Es sah sie lange an voller Vertrauen. Das Reh war die vierte Person aus dem Feuerofen. Der Botschafter der Götter.
Am nächsten Tag startete Jutta mit Leichtigkeit und Freude in ihre Selbstständigkeit. Von da an ging es bergauf.

Das „Ich kann das" ist die Fähigkeit, der inneren Stimme so sehr zu vertrauen, dass wir im Feuer unversehrt bleiben und göttliche Hilfe bekommen.

Du kennst jetzt das Geheimnis der Zerreißprobe: Dein Hin- und Hergerissensein ist ein Zeichen, dass du auf dem richtigen Weg bist. Dass sich etwas in dir bewegt, das größer ist als du. Das du nicht kontrollieren kannst. Du weißt, dass im Untergrund, an den Wurzeln, dein neues feuerfestes Ich geboren wird.

Du bist auf dem Weg in dein neues Leben, das nicht länger ein Traum ist, sondern Wirklichkeit wird. Du hast den Mut, die Kontrolle abzugeben und dem Leben zu vertrauen. Du bist bereit, in den Feuerofen zu steigen.
Der Bote der Götter wird da sein.

„Willst du, dass dir alles
gegeben wird? Dann gib
alles hin."

Laotse

Der 8. Schritt

Scheitern

1 · WAS IST DEINE GESCHICHTE?

Du bist die Storytellerin

Unaufhaltsamer Erfolg heißt im Modus der Heldenreise zu leben. Näher am Sein. Näher an der Natur. Näher an der Wildnis. Näher an der Heilung.
Es heißt, täglich zu erleben, wie die Zukunft sich formt.
Es heißt Romane nicht nur zu lesen und Filme nicht nur anzuschauen, sondern die Hauptdarstellerin/der Hauptdarsteller in deinem Leben zu sein.

Das „Ich kann das" ist die Entscheidung, nicht Zuschauer:in, sondern Hauptdarsteller:in in deinem eigenen Movie zu sein.

Storytelling ist eine Kunst, mit der sich schon der griechische Philosoph Aristoteles 335 v. Christus beschäftigt hat. Die Grundgesetze des Storytelling, die er in seiner „Poetik", besonders in der Abhandlung über die Tragödie beschrieb, gelten noch heute.

Laut Aristoteles ist der Kern einer Geschichte die „Katharsis", die Reinigung. Die Kunst des Geschichtenerzählers ist es, eine Erfahrung der inneren Reinigung so glaubhaft und authentisch darzustellen, dass der Zuschauer sie real erlebt. Katharsis bedeutet auch Transformation, also genau das, was du auf deiner Heldenreise in den unaufhaltsamen Erfolg erlebst.

Die Kunst des Storytelling, die Aristoteles erforschte, geht zurück auf antike griechische Rituale, in denen die Menschen sich mit der göttlichen Quelle verbanden, um Heilung, Inspiration und Wachstum zu erfahren.

Man kann sagen, Aristoteles war einer der ersten, der die Persönlichkeitsentwicklung in Form des Geschichtenerzählers beschrieben hat.

Heute erleben wir mehr Persönlichkeitsentwicklung denn je zuvor in Form von Filmen, Romanen, Serien, Social Media Posts, Nachrichten und Marketingbotschaften. Menschen brauchen Geschichten, weil wir durch Geschichten schneller und nachhaltiger lernen als durch Theorie. Weil Geschichten nicht nur unser Denken, sondern zugleich unser Fühlen ansprechen.

Meist bleiben wir jedoch Konsumenten. Mit Hilfe der Geschichte reinigen wir uns, tanken Kraft, finden Klarheit, fühlen uns selbst, – und gehen zurück zum Business as usual. Wir sind die Leser, nicht der Autor. Wir entwickeln keine Geschichten, wir beschäftigen uns nicht damit, wie man die Geschichte noch wahrhaftiger, authentischer, stimmiger machen kann. Wie die Transformation noch nachhaltiger wirken kann. Wir entwickeln uns nicht in der Kunst des Geschichtenerzählens.

Im unaufhaltsamen Erfolg passiert etwas wesentlich anderes. Wir sind die Held:in und die Storyteller:in unserer eigenen Geschichte. Wir konsumieren nicht die Geschichten, die andere geschrieben haben. Wir kreieren und leben unsere eigene einzigartige Geschichte.

Das „Ich kann das" ist die Entscheidung, meine eigene einzigartige Geschichte zu kreieren und zu leben.

Unaufhaltsamer Erfolg bedeutet, im Modus einer Geschichte zu leben. Eine Geschichte folgt der Struktur einer Heldenreise. Wenn ich ihr folge, kommt der Erfolg von selbst.

Das „Ich kann das" ist die Entscheidung, im Modus der Heldenreise zu leben. Die Heldenreise bringt den Erfolg von selbst hervor.

Mein Leben als Geschichtenerzählerin änderte sich dramatisch, als ich die Heldenreise kennenlernte. Zuvor war das Schreiben mühsam gewesen und der Erfolg einer Geschichte manchmal ein Glückstreffer und oft ein Flop. Nachdem ich die Struktur der Heldenreise kennengelernt hatte, waren meine Geschichten ein garantierter Erfolg. Immer.
Joseph Campbell (1904–1987) hat sich sein Leben lang mit der Frage beschäftigt, was alle Geschichten und Mythen auf der Welt gemeinsam haben und er fand die Geschichte des Helden. Seine Forschung revolutionierte die Welt des Geschichtenerzählens. Hollywood griff die Idee auf und George Lucas hatte 1977 mit „Star Wars" den ersten durchschlagenden Erfolg mit einer Geschichte, die nach dem Modell von Joseph Campbells Heldenreise gebaut war.

Genau so wie Geschichten, die nach der Struktur der Heldenreise erzählt werden garantiert erfolgreich sind, ist dein Erfolg, wenn du der Struktur der Heldenreise folgst, unaufhaltsam.

Geschichten sind ein Abbild des Lebens. Wenn das Leben authentisch und essentiell abgebildet wird, berührt es uns, gibt uns Kraft und Inspiration. Wenn eine Geschichte eine echte Transformation darstellt, wird sie ein Teil unserer Identität.
Ein authentisch und essentiell gelebtes Leben, das von Transformation zu Transformation geht, ist die Quelle von Erfolg, Heilung und Liebe.

Im achten Schritt der Heldenreise geht es um das Scheitern.
Brian Tracy, der in Armut aufwuchs, hat sich ein Leben lang mit der Frage beschäftigt, was Menschen erfolgreich macht. Heute ist er einer einflussreichsten Erfolgslehrer der Welt. Eines seiner bekanntesten Bücher ist „Eat that frog". In dem Buch geht es darum, sich dem Unangenehmsten zuerst zu widmen, als erstes den Frosch zu schlucken.

Der Frosch auf der Heldenreise in deinen unaufhaltsamen Erfolg ist die Angst vor dem Scheitern. Laut Brian Tracy ist die Angst vor dem Scheitern das größte Hindernis auf dem Weg zum Erfolg.

Auf deiner Heldenreise lernst du, dass Scheitern nichts anderes ist als Ausprobieren. So wie du als Kind Hunderte und Tausende Male hingefallen und wieder aufgestanden bist, während du das Laufen auf zwei Beinen gelernt hast.

Die Angst vor dem Scheitern ist etwas Hilfreiches. Sie warnt uns davor, uns und andere zu verletzen. Aber sie hemmt uns auch, etwas Neues auszuprobieren.

In einer Geschichte schauen wir zu, wie andere scheitern und durch das Scheitern über sich hinauswachsen.

In deiner Heldenreise in den unaufhaltsamen Erfolg bist du die diejenige, die scheitert. Jetzt wird es spannend für dich.

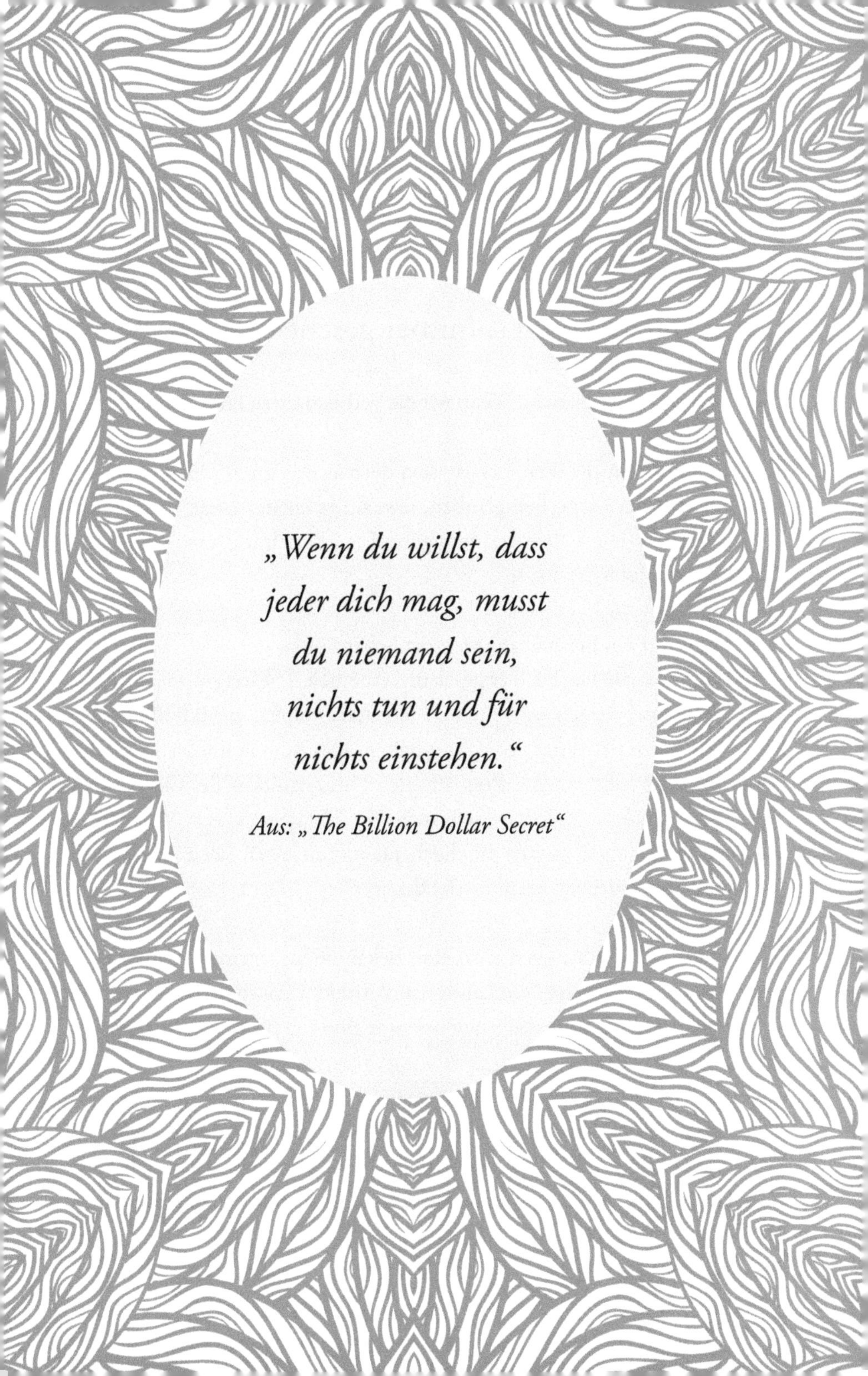

„Wenn du willst, dass
jeder dich mag, musst
du niemand sein,
nichts tun und für
nichts einstehen. "

Aus: „The Billion Dollar Secret"

2 · Einmal gescheitert – immer gescheitert

Einmal gescheitert – immer gescheitert

Wir scheitern nur an einem: Wenn wir die Verbindung zu uns selbst verlieren.

Was du in diesem Buch erfährst, wissen die allerwenigsten Menschen.
Die allermeisten Menschen glauben, dass sie gescheitert sind, wenn etwas Wichtiges in ihrem Leben verloren geht. Eine Beziehung, eine Arbeit, ein Projekt, ein Hobby, ein Ort.

Ich erzähle dir ein Beispiel aus meinem Leben.
Mit Ende zwanzig hatte ich es geschafft, eine freie Theatergruppe in Berlin Kreuzberg aufzubauen und für eine Theaterproduktion 50.000,00 DM Subvention vom Berliner Senat zu erhalten. Das war ein großer Erfolg für mich. Eine Woche vor der Premiere des Theaterstückes fiel die Berliner Mauer. Niemand interessierte sich mehr für Theaterstücke in Westberlin. Meine Aufführungen fanden durchgehend vor fast leeren Sälen statt. Es war ein unglaublich deprimierendes Gefühl.

Zu einer der Aufführungen kam eine Bekannte aus meiner Heimatstadt, die sehen wollte, was ich, die Landpflanze, in der Großstadt Berlin erreicht hatte. Sie besuchte die Aufführung und war eine von fünf Zuschauer:innen. Es war demütigend.

Ich wandte mich vom Theater ab. Ich wollte so etwas nie wieder erleben. Ich wurde Schriftstellerin. Da musste ich mich zwar konfrontieren mit geringen Verkaufszahlen meiner Bücher, aber nicht mit einem leeren Theatersaal.

Ich konnte nichts dafür, dass dieses politische Ereignis ausgerechnet mit meiner Theaterpremiere zusammen fiel, aber in meinem Unbewussten hatte sich der Glaubenssatz eingebrannt: Egal, wie sehr du dich bemühst, egal, wie viel Unterstützung du bekommst, es kann jederzeit etwas passieren, das alles zerstört.

Zwanzig Jahre später folgte ich dem Ruf, die Persönlichkeitsentwicklung mit Pferden zu lernen und zum Zentrum meines Lebens zu machen. Ich war unglaublich begeistert und motiviert. Bis mir eines Nachmittags auf einem wunderschönen Ausritt im Herbstwald das Scheitern mit meinem Theaterprojekt einfiel. Mit der neuen Arbeit würde ich etwas Ähnliches tun: Menschen zusammentrommeln für Seminare. Was, wenn wieder so ein unvorhersehbares Ereignis passieren würde und sich niemand für Seminare in der Persönlichkeitsentwicklung mit Pferden anmelden würde?
Mein Unbewusstes funkte: Einmal gescheitert – immer gescheitert. Du wirst wieder denselben Schmerz erleben. Du hast einmal auf die heiße Herdplatte gefasst – und bist so dumm und tust es wieder.

Ich steckte mitten in der Zerreißprobe: Ich hatte schon eine große Investition gemacht und mich für die Ausbildung bei Linda Kohanov in den USA angemeldet, wo ich lernen würde, Seminare mit Pferden anzuleiten. Da tauchte die Angst vor dem Scheitern auf. Sie ging zurück auf ein vergangenes Erlebnis, das ich als großes Scheitern abgespeichert hatte.
Ich war drauf und dran, mich von dieser Erfahrung aufhalten zu lassen in dem, was ich am liebsten tun wollte. Ich setzte mich einen ganzen Nachmittag lang hin und schrieb alle Ängste auf, die mir einfielen. Ich las sie mir durch und sie wurden blasser und blasser. Hinter den Ängsten tauchte meine Freude auf, etwas vollkommen Neues zu beginnen. Ich fühlte den Mut, mich der Herausforderung zu stellen.

Ich bin sicher, du findest ähnliche Beispiele in deinem Leben. In meinem Kurs „Biografie schreiben", schreiben die Teilnehmer:innen ihr ganzes Leben auf und entdecken, dass das Scheitern ein Sprungbrett für Erfolg sein kann.

So ging es auch mir: Das Scheitern von damals machte mir Angst, aber ich lernte, diese Angst in Mut umzuwandeln.
Der Glaubenssatz „Einmal gescheitert – immer gescheitert" wandelte sich für mich um in „Scheitern macht mich stark". Gerade weil ich keine ungebuchten Seminare erleben wollte, tat ich alles, um meine Seminare attraktiv zu bewerben.

Das Ergebnis: Meine Pferde- und Persönlichkeitsentwicklungs-Seminare waren durchgehend ausgebucht und ich habe unter den Hunderten von Seminaren, die ich seither gehalten habe, nur eines absagen müssen. Selbst als unerwartete Ereignisse wie eine Scheidung, die Trennung von Geschäftspartnern oder Corona passierten, konnte ich mein Unternehmen in neue Erfolge führen anstatt aus Angst vor dem Scheitern gelähmt zu sein und nichts mehr zu wagen.

Durch die Heldenreise habe ich gelernt, dass Scheitern, genau wie die Zerreißprobe, ein notwendiges Durchgangsstadium ist. Im Scheitern wachsen wir, wie nirgendwo sonst.

So lernst du, das Scheitern zu meistern:

- früh erkennen, wenn etwas zu scheitern droht.
- dein Scheitern genau ansehen und dich fragen, was du daraus lernen kannst.
- dich nie von deiner Angst zu scheitern abhalten lassen, wenn etwas dich wirklich ruft.
- Dranbleiben und das Scheitern nicht als Ende, sondern als Entwicklungsschritt sehen.

Das „Ich kann das" ist die Fähigkeit, das Scheitern als effektiven Wachstumsprozess zu erleben.

Du erinnerst dich: Du bist im Praxistest deiner Heldenreise. Dein Ruf, dein Kommitment werden geprüft. So lange du träumst, musst du dich keiner Prüfung unterziehen. So lange du träumst, musst du dich nicht verändern und wirst dich nicht verändern. Und wirst garantiert keinen unaufhaltsamen Erfolg erleben.

Im Praxistest deiner Heldenreise bringst du deinen Ruf Schritt für Schritt immer mehr in dein Leben. Du lebst deine Leidenschaft. Du lebst dich selbst.

Projekte und Beziehungen, die nicht auf dem Fundament eines Rufes stehen, gehen beim ersten Scheitern zu Ende.
Projekte und Beziehungen, die von einem Ruf getragen sind, werden durch das Scheitern stärker.
Das „Ich kann das" ist die Fähigkeit, zu spüren, wie im Scheitern der Ruf stärker wird.

Wir scheitern nur an einem: Wenn wir die Verbindung zu uns selbst verlieren.

Als Coach für Pferdemenschen habe ich oft Unfälle, wie zum Beispiel Stürze vom galoppierenden Pferd mit den Betroffenen genauer unter die Lupe genommen.
In den allermeisten Fällen gab es vor dem Sturz einen Moment, wo der Reiter die Verbindung zu sich selbst verloren hatte. Häufig, weil er auf eine Anweisung des Reitlehrers gehört hat, anstatt auf sein eigenes Gefühl.
Häufig, weil der Reiter einer Technik oder Methode gefolgt ist, anstatt die Verbindung zu sich selbst und zum Pferd zu spüren.
Häufig, weil der Reiter in Gedanken woanders war.

Das Pferd wurde unsicher oder dominant und begann zu buckeln oder durchzugehen.

Dasselbe gilt auch für unser Alltagsleben. Wenn wir den Plänen und Wünschen anderer folgen, wenn wir die Stimme unserer Intuition verlieren, wenn wir nicht wachsam sind, weil unser Alltag zu voll ist und wir zu müde sind, geraten wir vom Weg ab.

Wenn wir uns verlieren, verliert uns das Leben.

Wenn wir uns selbst verlieren, holt das Unbewusste die alten Ängste zum Vorschein und macht sie wahr.

Das **„Ich kann das"** ist die Fähigkeit, bei mir zu bleiben, wenn ich handle.

Je mehr es mir gelingt, im Handeln bei mir zu bleiben, desto mehr wird das Leben auf meine Wünsche und Ziele antworten und mich unterstützen.

Wenn dann etwas geschieht wie der Berliner Mauerfall oder Corona, scheitern vielleicht Projekte, aber ich scheitere nicht. Im Gegenteil: Das Leben wird mich auffangen und mir Türen öffnen, die ich zuvor nicht kannte.

Das Scheitern wird dann immer mehr eine Erfahrung, in der ich tiefes Vertrauen in mich selbst und in das Leben finde. Dann wird mein Erfolg unaufhaltsam.

Das „Ich kann das" ist die Fähigkeit, im Scheitern tiefes Vertrauen in mich und in das Leben zu finden.

Im nächsten Kapitel möchte ich mit dir das schmerzvollste Scheitern anschauen: Das Scheitern in Beziehungen.

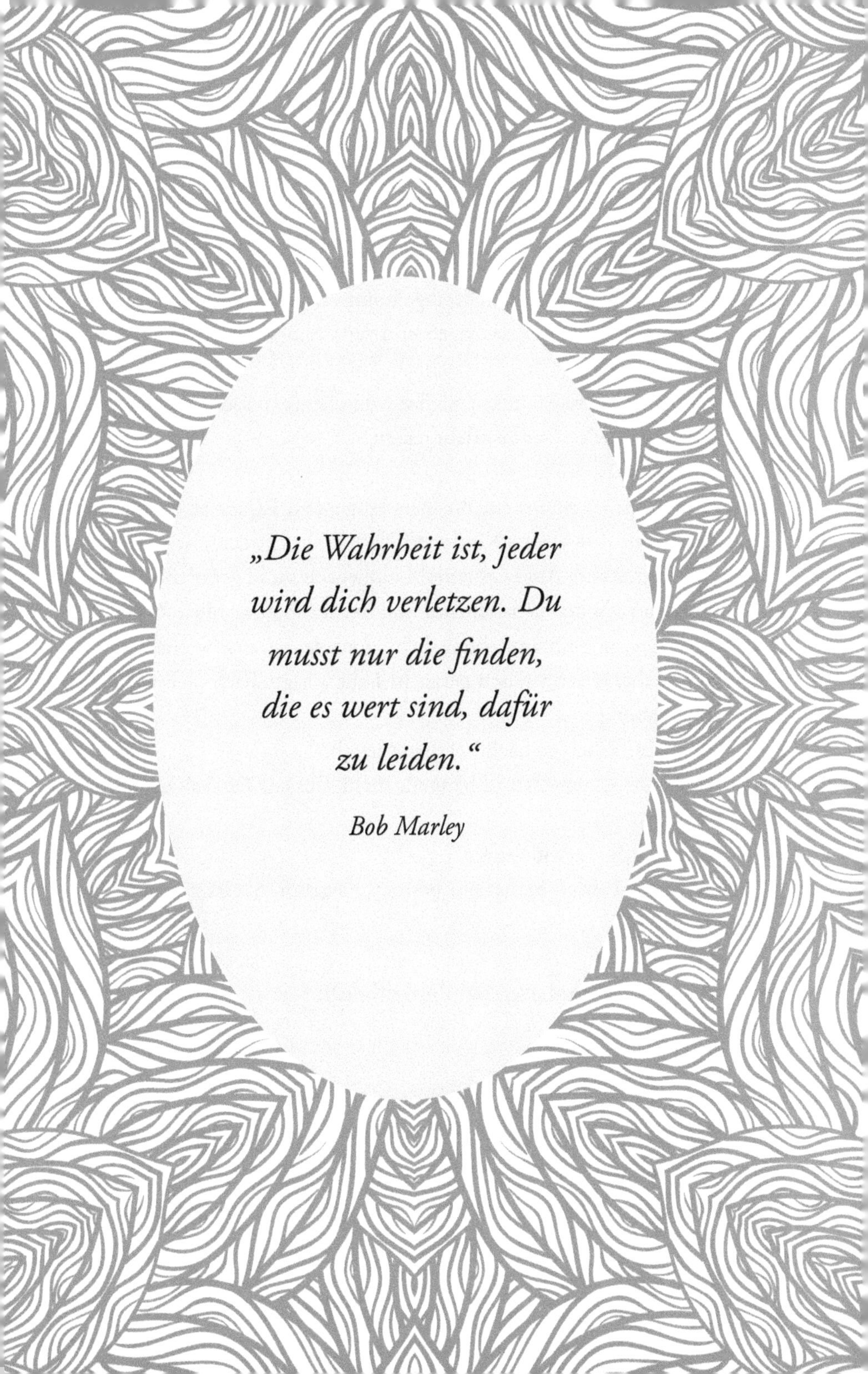
„Die Wahrheit ist, jeder
wird dich verletzen. Du
musst nur die finden,
die es wert sind, dafür
zu leiden.“

Bob Marley

3 · ENTTÄUSCHT, BETROGEN, VERLASSEN

Ich wurde wie jeder enttäuscht, betrogen und verlassen. Und wie jeder habe auch ich andere enttäuscht, betrogen und verlassen.

Es passiert. Auch wenn wir uns sehnlichst wünschen, es würde nicht passieren, besonders, wenn wir es schon erlebt haben.

Vor mir saß Rita.

Sie hatte mit ihrem Mann ein Business aufgebaut, Reisen in die Karibik. Davor hatten sie ihre beiden Kinder erfolgreich ins Erwachsenenleben entlassen. Sie hatten ihre Angestelltenjobs aufgegeben und genossen das neue Businessleben zwischen Deutschland und der Karibik in vollen Zügen. Bis Detlef sich in eine Einheimische verliebte und sie heiraten wollte.

„Ich weiß nicht, was ich falsch gemacht habe", sagte Rita. „Ich weiß, ich habe etwas falsch gemacht."

„Du hast nichts falsch gemacht", erwiderte ich.

„Ich bin zu alt. Meine Brüste hängen, mein Gesicht hat Falten. Ich bin nicht mehr attraktiv."

„Du bist attraktiv", erwiderte ich.

„Aber nicht für Detlef. Er hat ein besseres Angebot. Sie ist zwanzig Jahre jünger als ich."

„Liebst du ihn?"

„Ich habe mein ganzes Leben mit ihm verbracht."

„Liebst du ihn?"

Sie hielt inne. „Ja."

„Dann hast du nichts falsch gemacht."

Sie drehte die Kaffeetasse in den Händen und sagte lange nichts.

„Vielleicht habe ich ihn nicht genug geliebt."

„Stop", sagte ich.

Dieses Gespräch fand vor zwei Jahren statt.

Die nächsten zwei Jahre verbrachte Rita im Wesentlichen mit der Frage, ob sie Detlef genügend geliebt hatte. Inzwischen war sie geschieden und Detlef hatte die neue Lebensgefährtin geheiratet. Aus dem einen Reisebüro waren zwei geworden.

„Wenn ich Detlef mehr geliebt hätte, wären wir noch zusammen“, war Ritas Fazit.

„Du liebst ihn immer noch?“

„Ja.“

„Tut es weh?“

„Ja.“

„Ist er es wert?“

„Unbedingt.“

Dann machte das Leben ihr ein unerwartetes Geschenk: Sie verliebte sich in einen attraktiven zwanzig Jahre jüngeren Einheimischen.

Ihre erste Reaktion war: „Ich werde mein Herz nur so weit öffnen, dass ich nicht mehr verletzt werden kann.“

Rita genoss das neue Liebesleben in vollen Zügen und ihre Gefühle für Detlef gerieten in den Hintergrund.

Mit dem zwanzig Jahre jüngeren Geliebten war alles easy. Die Unterschiede im Alter und in der Kultur waren so groß, dass es nie zu der Verbindlichkeit und Nähe kam, die Rita mit Detlef geteilt hatten.

„Genau das brauche ich“, sagte Rita.

„Liebst du ihn?“, fragte ich und meinte den neuen Geliebten.

Rita sah mich an, als würde die Frage sie erstaunen.

Dann entwickelte sich ein tiefes Gespräch über die Liebe, das sich mir nachhaltig eingeprägt hat.

„Ich bin in ihn verliebt, aber ich weiß nicht, ob ich ihn liebe. Ich öffne mein Herz nicht ganz, weil ich nicht mehr verletzt werden möchte.“

Sie wurde traurig. „Es fühlt sich leer an. Es ist Genuss, aber es ist nicht Liebe.“
„Was würde passieren, wenn du dein Herz ganz öffnen würdest?“
Sie beendete das Gespräch und sagte, sie würde mir in einer Woche eine Antwort geben.

Eine Woche später trafen wir uns wieder. Rita war wie verwandelt. Sie strahlte von innen heraus.
„Ich habe mein Herz geöffnet für Brandon“, sagte sie. „Zuerst bekam ich wahnsinnige Angst. Eine Nacht lang glaubte ich wirklich, ich müsse sterben. Ich war sicher, das würde passieren, wenn Brandon mich verlassen würde. Und ich war sicher, das würde er früher oder später tun, wenn ich alt bin und nicht mehr attraktiv. Dann schlief ich ein. Am nächsten Morgen wachte ich auf und hatte diesen einen Gedanken: „Auch wenn er mich verlässt, er war es wert.“ Ihr Gesicht hellte auf. „Nachdem mir das klar geworden war, wurde die ganze Welt heller – und ich liebte plötzlich alles. Die Pflanzen, die Bäume, die Kinder, die Hunde. Alles!“
„Denkst du immer noch, dass du Detlef nicht genübend geliebt hast?“
„Nein. Ich habe Detlef mein Leben geschenkt und das habe ich gern getan. Und jetzt schenke ich Brandon mein Leben – und ich tue es gern. Ich bin so dankbar, dass ich mein Leben mit Detlef verbringen konnte und ich bin so dankbar, dass das Leben mir Brandon geschenkt hat. Ich bin ein liebendes Wesen – und wenn die Liebe weh tut: Sie ist es wert.“

Das „Ich kann das“ ist die Fähigkeit, die Liebe zu lieben, auch wenn sie wehtut. Weil sie es wert ist.

„Deine Vergangenheit
ist nur eine Geschichte.
Welche Geschichte du
für deine Vergangenheit
wählst, hat einen
enormen Einfluss auf
deine Gegenwart und
deine Zukunft“

Dr. Benjamin Hardy

4 · Dein Leben will gelebt werden. Von dir.

Scheitern öffnet deine innere Schatzkiste

Scheitern ist eine ernüchternde Erfahrung. Wir wachen auf aus Illusionen. Oft fühlen wir schon länger, dass etwas keine Energie mehr hat. Wir halten es mit großer Mühe aufrecht. Wir werden taub für den Preis, den wir bezahlen. Bis uns eine heftige Grippe erwischt, ein Burnout, eine Depression. Bis jemand anderer uns sagt, dass es vorbei ist.

Scheitern führt uns zurück in die Wahrheit. Der Körper weiß es längst. Die anderen sehen es, bevor wir es sehen.

Dein Leben will gelebt werden. Von dir.

Der schwarze Panther sieht mich eindringlich an. Sein Blick ist bedrohlich. Er macht mich darauf aufmerksam, dass ich angreifbar geworden bin. Ich merke schon länger, dass meine gewohnte Arbeit mich nicht mehr so interessiert. Ich interessiere mich für neue Themen, gestehe mir das aber nicht ein. Fange an, nach außen hin etwas aufrecht zu erhalten, das mehr und mehr Energie verliert. Innerlich habe ich mich zurückgezogen. Aber mein Versteck ist nicht sicher.
„Ich sehe dich", sagt der Panther.

Mit Krafttieren oder Tieren zu arbeiten ist so wertvoll, weil sie dir zeigen, was gerade passiert, lange bevor es passiert. Die Intuition ist schneller, feiner, klarer als der Verstand.

Ich habe gelernt, mich mit den Tieren zu unterhalten. Sie lehren mich das Überleben in der Wildnis. Egal, ob es die Wildnis der Natur oder der Zivilisation ist. Die Zivilisation ist nur eine dünne Schicht, die die Wildnis verdeckt.

Der schwarze Panther sieht mich wie hypnotisiert an. Ich bin zu seiner Beute geworden. Wenn ich mich jetzt nicht bewege, werde ich verschlungen. Ich kenne das.
Ich bin erstarrt. Ich sehe nichts anderes als den hypnotischen Blick des Panthers. Ich fühle, dass er nicht anders kann. Er hat Hunger.
Ich bin wieder das kleine schüchterne Mädchen, zu dem die Menschen sagen: „Du bist so ernst.“
Ernst, still, scheu. Zurückgezogen. Die alten Ängste kommen wieder. Ich habe Angst vor den Menschen. Sie verstehen mich nicht. Sie können nichts mit mir anfangen. Nicht mit der, die ich wirklich bin. Ich bin allein in meiner stillen Welt. Und ich bin dort nicht sicher.

Ich kann mit den Tieren sprechen. Ich vertraue den Tieren. Aber die Tiere machen mir manchmal genauso Angst wie die Menschen. Sie schmeicheln mir nicht. Sie unterstützen nicht meine Illusionen.
Ich weiß, ich muss aus meinem Versteck kommen. Ich muss aufwachen aus der Starre. Ich muss zu mir stehen. Der Panther sagt: „Komm heraus oder du wirst nicht überleben.“

Plötzlich kommt eine große Ruhe über mich. Ich weiß nicht, woher sie plötzlich kommt. Transformationen kommen oft plötzlich und unerwartet. Ich bin immer noch erstarrt, aber ich bin jetzt da. Bei mir. Ich fühle mich. Der Blick des Panthers wird milder.
Ich fühle, wie ein inneres Tor aufgeht und ich handeln kann. Ich habe Ideen für meinen neuen Weg.

Scheitern ist eine tiefe innere Erfahrung. Sie kann langsam kommen oder plötzlich. Wenn du wach bleibst, führt das Scheitern dich zurück in dein ursprüngliches Sein.

Wenn du nur dies eine tust: den Blick verschieben von außen nach innen wird das Scheitern zu einem Gewinn. Das Scheitern bringt dich in Verbindung mit einer inneren Kraft, die du zuvor nicht gekannt hast. Einer echten Kraft. Einer Kraft, die viel größer ist als alle hektischen, verzweifelten Anstrengungen, die du unternimmst, um aus deiner Situation herauszukommen.

Das „Ich kann das" ist die Fähigkeit, den Blick von außen nach innen zu verschieben.

Dann wird das Scheitern zu einem Segen. Dann erwacht in dir die Kraft, die du brauchst, um die Lösung zu finden. Dann bist du stärker als das Drama da draußen.

Das „Ich kann das" ist die Fähigkeit, das Scheitern ganz und gar zu akzeptieren, damit es sich in einen Segen verwandeln kann.

Der hungrige Blick des Panthers hat sich aufgelöst. Er putzt sich. Er muss sich nicht mehr mit mir beschäftigen. Ich fühle, wie die Kraft in mir wächst. Ich kann dabei zusehen.

Das „Ich kann das" ist die Fähigkeit, im Scheitern zurückzufinden zur inneren Quelle.

Ich möchte dir ein noch größeres Bild entwerfen. Einen Blick auf die Reise, die du bisher zurückgelegt hast. Damit du verstehst, warum das Scheitern unausweichlich ist.

Du bist aufgebrochen, um deinen Ruf zu verwirklichen. Dein Ruf ist so inspirierend und stark, dass er dich zum Handeln bringt. Wenn du handelst, verändert sich dein Leben. Etwas Neues entsteht. Du veränderst dich. Du wirst stärker, du gewinnst mehr Fundament. Gleichzeitig wird eine innere Dynamik in dir losgetreten, die du nicht mehr kontrollieren kannst. Deine Urängste werden aktiviert. Sie wollen dich schützen. Du fällst in alte Kontrollmuster zurück, du handelst hektisch oder erstarrst, du kämpfst gegen Windmühlen wie Don Quichote. Du strengst dich an, du gerätst in die Erschöpfung.

Dein hektisches Handeln macht alles schlimmer. Du ziehst das Unglück magisch an. Dir wird bewusst, dass dein Aufbruch ein Aufruhr ist. Die Menschen um dich herum beginnen zu reagieren. Sie sind irritiert von dir. Du verlierst die Stabilität deiner Beziehungen.
Etwas bricht weg. Projekte, die zuvor noch attraktiv waren, verlieren ihre Energie.
Es ist eine Frage der Zeit, bis das Scheitern offensichtlich wird.

Das Scheitern scheint für dich und für alle um dich herum der Beweis, dass du den falschen Weg eingeschlagen hast.

An diesem Punkt bleiben viele hängen. Frieren ein. Oft für Jahre oder Jahrzehnte.

Die Heldenreise zeigt dir, dass du im Scheitern nicht nur deine gegenwärtige Herausforderung meistern kannst, sondern auch deine Urangst in Urkraft verwandeln.

Was ist für mich passiert, nachdem der Panther mich nicht länger angestarrt hat? Mein Interesse für neue Visionen und Geschäftsbereiche hatte meine Urangst ausgelöst. Meine Urangst, zu ernst, zu still, zu scheu zu sein und in meiner einsamen Welt unterzugehen, wenn ich dem folge, was mich wirklich interessiert. Der Panther hatte mich aufgespürt in meiner Höhle. Er hat mich erinnert, er hat mich gewarnt, nicht in der Angst steckenzubleiben.

Die Wandlung kam, als ich bei meiner Urangst ankam und erlebte, wie sie sich in eine Urkraft verwandelte.
„Still, ernst und scheu" kam aus ihrer Höhle und entdeckte, dass sie nicht allein ist. Dass sie gesehen wird, dass sie geliebt wird. Von einem Panther. Das genügte. Ich würde auch die Liebe der Menschen spüren.
Mir wurde bewusst, dass diese Urangst der Antrieb ist für das, was heute meine größte Stärke ist: zu lieben und geliebt zu werden.

Ich bin tief verbunden mit den Menschen, mit den Tieren, mit Gott. Ich helfe leidenschaftlich gern anderen, aus ihrer einsamen Höhle der Angst herauszukommen und tiefe Verbindung zu finden zu sich selbst – und dadurch unaufhaltsamen Erfolg. Ich bin selbst zum unaufhaltsamen Erfolg geworden. Das Scheitern hat mich stark gemacht.
Das Scheitern hat mir gezeigt, dass ich dem Leben vertrauen kann.

Das „Ich kann das" ist die Fähigkeit, bewusst zu scheitern und dabei Vertrauen ins Leben zu gewinnen.

Im nächsten Schritt der Heldenreise machen wir den endgültigen Schritt in unsere Urangst hinein. Bist du bereit?

„Mutig sein bedeutet, vorübergehend den Halt zu verlieren. Nicht mutig zu sein, bedeutet, sich selbst zu verlieren.“
Søren Kierkegaard

Der 9. Schritt

Transformation

1 · Still bleiben, wenn sich alles auflöst

Fühlst du deine größte Angst?

Ich sitze gerade selbst mitten in einer großen Transformation. Es ging ganz schnell. Nachdem ich aus Spanien zurückkam, bin ich nach Jamaika gereist und mir wurde klar, dass ich hier leben will. Ende November flog ich zurück nach Deutschland und habe alles geplant für meinen Umzug. In kürzester Zeit habe ich mich informiert über gesetzliche und steuerliche Konsequenzen. Ich habe meinen Wohnsitz abgemeldet, meine Krankenversicherung, mein Geschäft.

Jetzt bekomme ich kalte Füße. Das warme, sichere Nest in Deutschland verlassen? Mein deutsches Ich ablegen und tatsächlich die sein, die ich im Grunde schon lange bin? Die Jamaikanerin. Oder wie meine amerikanischen Freunde sagen: The Germaican, der Mix aus German und Jamaican.

Ich fühle die Transformation in meinem Körper. Mein Körper vibriert. Er hat verstanden, dass es jetzt passiert. Ich schlafe nicht mehr gut. Alles in mir hält fest, will nicht springen.

Ich bin die kleine Ulrike, die in einer Ecke kauert und Angst hat. Mein Verstand arbeitet nicht mehr richtig. Das Schreiben hat keinen Flow. Die Sprache weigert sich. Alles in mir sagt: Nein!

Aber ich bin mir auch bewusst, dass dies nur ein vorübergehender Zustand ist. Unter dem vorübergehenden Nein liegt ein großes Ja.
Es ist nur im Augenblick verschwunden. Unerreichbar

Ich bin mitten in einer großen Transformation. Ich gehe blind.

Transformation bedeutet, in eine unbekannte Zukunft zu gehen mit nichts als Vertrauen.

In meiner gewohnten Welt ist es einfach, zu vertrauen, dass alles gut wird. In der Transformation gibt es nichts mehr, woran ich mich festhalten kann. Worauf soll ich noch vertrauen? Gerade jetzt, wo ich das größte Vertrauen brauche, ist es nirgendwo zu finden.
Mein Verstand sucht etwas zum Festhalten, und erkennt: Da ist eindeutig nichts.
Ein vollkommen neues Leben wartet auf mich. Ein neues Ich.

Wenn ich in diesem glibberigen Zustand der Transformation bin, darf ich nicht reaktiv werden.
Keine Entscheidungen treffen im freien Fall.
Im freien Fall schreie ich vor Angst vor dem harten Aufprall.
Jetzt darf ich nicht reaktiv werden. Jetzt gibt es nur noch Hingabe.
Im freien Fall vertraue ich, dass die Hand Gottes mich auffängt.
Wird sie das? Wann?

Die Transformation ist eine Auflösung. Die Raupe löst sich auf, nichts bleibt von ihr übrig – außer dem Herz. Der Schmetterling ist nicht in Sicht. Im Zustand der Verpuppung gibt es keinen sichtbaren Beweis, dass die Raupe ein Schmetterling sein wird.

Sichtbar ist nur ein großes sich Auflösen.
Ich kann keine Entscheidungen treffen für meine Zukunft als verpuppte Raupe. Ich kann nichts festlegen, das die Raupe aufhält in ihrer Verwandlung.
Ich kann aus dem Zustand der Verpuppung nicht austreten.
In der Transformation kann ich nur still bleiben und wahrnehmen. Die Veränderung geschehen lassen. Tee trinken.

Das „Ich kann das" in der Transformation ist das still bleiben, wenn sich alles auflöst.

Die Transformation ist ein Zustand von überwältigender Verletzbarkeit. Alle Gefühle werden übermächtig. Wut, Trauer, Angst, Liebe.
Deine Transformation wird so groß sein, wie die Verletzbarkeit, die du tolerieren kannst.

In den vorherigen Schritten der Heldenreise hast du Verletzbarkeit geübt. Die Angst vor dem Unbekannten. Mit jedem Schritt bist du gewachsen und hast Transformationen erlebt. Kleine Transformationen, die auf die große Transformation hinführen. Jetzt kommt die große.

Wie ein Bagger hast du, hat es in dir, gegraben – und schließlich stößt du auf den unterirdischen Wasserlauf. Er ist ein Tümpel, ein Wasserfall, ein reißender Strom. Wie auch immer er beschaffen ist, du fällst mitten hinein.

Jetzt kommt die Angst, unterzugehen oder vergiftet zu werden oder vollkommen allein zu sein oder eine andere der zahllosen Urängste. Du stößt auf deine größte Angst. Du findest das, was du nie sehen wolltest. Das, dem du mit größter Anstrengung ausgewichen bist. Du findest die Angst, die dich bisher festgehalten hat, bei jedem Schritt, den du weitergehen wolltest.

Die psychologische Forschung zeigt, dass die Angst der Menschen vor Verlust um vieles größer ist als der Wunsch nach Erfolg. 95 % der Menschen ziehen es vor, nichts zu verändern anstatt sich der Angst vor der Veränderung auszusetzen.
Indem wir uns weigern, uns zu verändern, sterben wir langsam. Ohne es zu merken.

Ich bin jetzt mittendrin. Meine Ohren rauschen. Meine Hände klammern und lassen los und klammern. Mein altes Ich will sein. Mein Magen schmerzt. Mein Bauch ist hart wie Beton.
Und wieder gibt etwas in mir nach. Das Baby rutscht ein Stück weiter im Geburtskanal.
Ich buche eine Session bei Alissa Bickar: emotional transmutation

Hier im Schritt neun der Heldenreise dringst du vor in das Herz der Veränderung.
Du lernst Transformation. Du lernst, deine feste Identität loszulassen und zu etwas Neuem zu werden. Du lernst die Angst vor Veränderung zu nutzen anstatt ihr auszuweichen.

Während du diese Angst fühlst, kann dir nichts helfen außer dieser Gewissheit: Im Augenblick, wo du die Angst fühlst, fängt sie an, sich zu transformieren.

Menschen, die unaufhaltsam erfolgreich sind, haben diese zwei Dinge gelernt: Erstens: Der Angst vor Veränderung nicht auszuweichen.
Und zweitens: sie zu nutzen.

Nicht nur mit den Händen vor dem Gesicht durch den Sturm zu gehen, sondern zu spüren, was den Sturm bewegt. Zu spüren, wie mitten im Sturm Kräfte und Fähigkeiten frei gesetzt werden, die sonst ungenutzt bleiben würden.

Der unaufhaltsame Erfolg passiert in diesem Augenblick der Transformation, in dem sich Angst in Mut verwandelt. Das ist die Heldenreise.

Das „Ich kann das" ist der Mut, die Angst zu fühlen und sie als Kraftquelle zu nutzen.

Woher aber kommt diese Kraft, die dann unerwartet auftaucht?

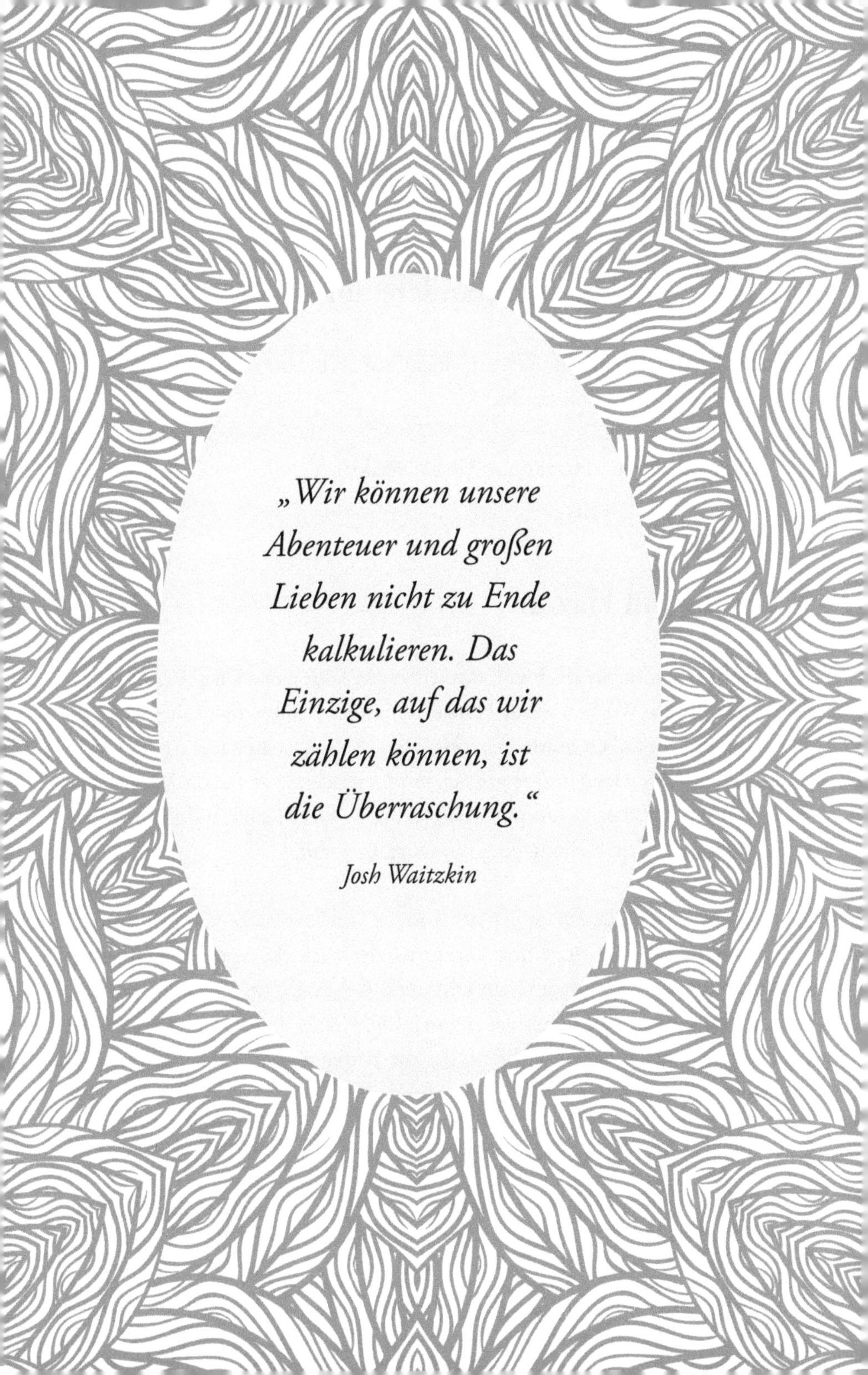

„Wir können unsere
Abenteuer und großen
Lieben nicht zu Ende
kalkulieren. Das
Einzige, auf das wir
zählen können, ist
die Überraschung.“

Josh Waitzkin

2 · URSULA UND HAZZAR

Es ist eine Freude für andere, uns zu dienen.

Jeden Dienstag treffe ich mich mit einer Gruppe, die bei mir eine Ausbildung in Tierkommunikation macht.

Ich möchte dir von Hazzar und Ursula erzählen.

Ursula und Hazzar

Hazzar ist ein arabisches Pferd, das seit vielen Jahren mit Ursula verbunden ist. Vor einigen Wochen wurde Hazzar lahm. Der Tierarzt stellte eine Sehnenverletzung am linken Vorderbein fest. Diese Schwäche bestand schon, als er in Ursulas Leben kam und zeigte sich immer wieder. Jetzt war die Verletzung wieder so stark, dass Ursula nicht reiten konnte. Der Tierarzt traf alle nötigen Maßnahmen. Die Heilung ging nur langsam voran.

Gleichzeitig verschlechterte sich der Zustand von Ursulas 92-jähriger Mutter. Ursula lebt in Rom und flog immer wieder nach Stuttgart, um für ihre Mutter da zu sein. Sie hatte ein schlechtes Gewissen, weil sie weniger Zeit hatte für Hazzar. Die Lahmheit zog sich hin. Ursula litt bei der Vorstellung, dass das temperamentvolle Pferd, das die Bewegung liebte, zum Stillstand verdammt war.

So ging das über mehrere Wochen. Flüge zwischen Rom und Stuttgart, eine geliebte sterbende Mutter und ein geliebtes krankes Pferd.

In einer ersten Tierkommunikation mit Hazzar kurz nach dem Beginn der Lahmheit ging es darum, dass Ursula sich schlecht fühlte, weil Hazzar nicht genügend Auslauf hatte. Sie wünschte sich für ihn, dass er sich auf riesigen Weiden frei bewegen könnte. Aber so nahe an der Zivilisation war das nicht möglich. Sie fragte Hazzar, wie er das sah. Seine Antwort war: Dass er ein Wildpferd war, dass er aber entschieden hätte, bei Ursula zu sein. Dass er deshalb diese Behinderung am Bein entwickelt hätte. Der Kern dieser Botschaft war: Für dich da zu sein ist mir wichtiger als die Freiheit in der Bewegung.

Einige Zeit später verstarb Ursulas Mutter. Die Trauerfeier fand statt.
12 Tage nach ihrem Todestag erzählte Ursula, dass Hazzar vollkommen gesund sei und sie wieder mit ihm ausreiten könne. Das war eine unerwartete positive Entwicklung.
Sie sagte, er wäre außerordentlich ruhig und wie innerlich aufgeräumt. Nach so langem Stillstand habe sie erwartet, dass er viel Bewegungsdrang habe. Es war, als spüre er ihre Trauer und würde Rücksicht darauf nehmen.

Es war auffällig, dass die Lahmheit und die Gesundung von Hazzar mit dem Sterben von Ursulas Mutter zusammen fielen.
In einer Tierkommunikation fragten wir Hazzar, wie er das Ganze erlebt hatte. Dieses Bild zeigte sich:
Dadurch, dass Ursula weniger Zeit für ihn hatte, kümmerte Hazzar sich selbst um seine Heilung.
Ihm war bewusst, dass seine Lahmheit und das Sterben von Ursulas Mutter zusammen fielen. Seine Heilung selbst in die Hand zu nehmen, machte ihn stolz. Er wolle da sein für Ursula und ihre Trauer.
Ursula war tief berührt von Hazzars Fürsorge und Verbundenheit. Anstatt sich schuldig zu fühlen, weil sie während seiner Krankheit weniger Zeit für ihn hatte, fühlte sie eine übergroße Dankbarkeit für ihn. Ihre Verbindung wurde dadurch um vieles tiefer. Sie erkannte, dass Hazzar wirklich für sie da war, auch wenn sie wenig Zeit für ihn hatte.

Am Boden der Transformation, wenn die Raupe ihre Identität verliert und nicht mehr kriechen kann, aber auch noch nicht fliegen, offenbart das Leben seine Transformationskraft.

Es zeigt uns: Wir sind verbunden und erhalten Hilfe.

Es zeigt uns: Andere nehmen wahr, wo wir Kraft brauchen und geben sie uns.
Es zeigt uns: Es ist eine Freude für andere, uns zu dienen.
Es zeigt uns: Die Freude zu dienen ist bedingungslose Liebe, die nichts fordert.

Wenn wir diese Erfahrung machen, heben sich unsere größten Ängste auf: Die Angst, allein zu sein, die Angst, alles allein meistern zu müssen, die Angst, zu scheitern, wenn wir vor großen Herausforderungen stehen.

„Sei still und wisse, ich
bin Gott.“

Psalm 46,11

3 · ES GIBT NIEMANDEN MEHR, DER ANGST HABEN KÖNNTE

In der Transformation gibt es diesen Augenblick, wenn die Raupe nicht länger existiert und der Schmetterling noch nicht da ist. Ein Moment, in dem keine Identität existiert. In dem ich nichts bin. Die Angst hat aufgehört, sie kann sich an nichts mehr festhalten. Es gibt niemanden mehr, der Angst haben könnte.

In diesem Augenblick öffnet sich das Bewusstsein für die pure Wahrnehmung. Es steht nichts mehr im Weg.

Ich halte mich an nichts mehr fest, weil es nichts mehr zum Festhalten gibt.

In diesem Augenblick wird mir unmissverständlich bewusst, dass meine Gedanken, Gefühle und Absichten Illusion sind. Dass ich von Illusionen gefesselt bin und dass ich die Fesseln ohne Schaden ablegen kann.

Da draußen ist es still. Die Luft ist rein. Ich kann nicht nur mich, sondern auch andere in ihrem puren Sein sehen.

Vor allem kann ich sehen, dass nichts, was ich tue, denke, will oder nicht will, den Gang der Dinge oder das Ergebnis in irgendeiner Weise beeinflussen oder lenken kann.

Stattdessen kann ich sehen, dass alles so passiert, wie es passieren muss, entsprechend unerschütterlicher Gesetzmäßigkeiten gegen die ich mich sträuben kann, oder mit denen ich mitfließen kann. Egal, wie ich mich entscheide, es ändert nichts.

Eine riesige Last fällt von mir ab.

Ich kann tun und lassen, was ich will.
Ich kann nicht herausfallen aus dem universellen Gewebe.
Ich kann spielen.

Jetzt, wo ich mich nicht mehr an meine selbst erschaffenen Spielregeln halten
muss, sind meine Möglichkeiten unbegrenzt.
Ich bin ein Kind im Schlaraffenland. Ich kann alles sein und alles ausprobieren.
Ich bin niemand. Ich mach mir die Welt, wie sie mir gefällt.

Bitte und dir wird gegeben – geschieht hier ungebremst.
Das Versprechen aus dem neuen Testament ist hier vollkommen wirksam.
Ich will nichts anderes als den göttlichen Willen leben. Der Wille Gottes
und ich sind eins.

Ein ganz neues Verhältnis zwischen mir und dem Leben beginnt. Wohin
ich auch schaue, entdecke ich, wie das Leben sich mir zuneigt. In den abge-
legensten Ecken entdecke ich Geschenke. Das Leben tut alles, um meine
Wünsche zu erfüllen, weil es die Wünsche des Lebens selbst sind.

Das Leben erfüllt sich seine Wünsche durch mich.

Das Leben kann das.
Gott kann das.
Ich kann das.
Alle können das.

Ich lade andere ein, mitzuspielen. Sie spielen gerne mit. Sie erkennen, woher
die Einladung kommt.
Wir haben viel Grund zu feiern.

Wir leben in der Transformation – wir sind angekommen.

„Du kannst den Weg
nicht kennen, bevor du
ihn gegangen bist.“

Ulrike Dietmann

4 · Die Raupe weiss nicht, dass sie ein Schmetterling sein wird

Das Entscheidende an der Transformation ist, dass sie das größte Bedürfnis des Menschen erfüllt: das Bedürfnis nach Sicherheit.

In der Transformation findest du absolute Sicherheit.

Obwohl die Transformation das Beängstigendste ist, das wir erleben können, ist sie zugleich das Beruhigendste.

Es ist sicher, dass die Raupe ein Schmetterling werden wird.

Es ist sicher, dass das Baby auf die Welt kommt. Dass die Sonne aufgeht, dass wir altern und sterben werden, dass Liebe bedingungslos und real ist.

In der größten Angst finden wir Zugang zur größten Sicherheit.

Absolute 100 %-ige Sicherheit, absolutes Vertrauen.

In der Transformation wachsen wir über die Angst hinaus.

In der Transformation entsteht Glauben.

Die Transformation, so, wie die ganze Heldenreise, ist ein Glaubenstraining.

Erfolg ist ein Glaubenstraining.

Je mehr Transformationen du erlebst, desto stärker wird dein Glauben.

Die Forschung zeigt, dass Selbstvertrauen ein entscheidender Faktor ist für nachhaltigen Erfolg.

Die Forschung zeigt, dass Selbstvertrauen entsteht, wenn ich eine Aufgabe meistere, die etwas zu groß war für mich.

Die Bibel sagt uns dasselbe: Dein Glauben macht dich stark.

Dein Glaube hat dich geheilt

Kurz nachdem ich das schrieb, ging ich auf YouTube und ganz oben tauchte
eine Predigt von T.D. Jakes auf. Es ging um die Frau, die an Blutungen litt
und die das Gewand von Jesus berührte.

Gott spricht mit mir, dachte ich. Und ich höre ihn.
Er spricht auch mit dir. Und du kannst ihn auch hören.

Der Erfolg kommt, wenn ich meinen größten Wunsch erlaube und der größten
Angst begegne, die ihn zurückhält. Der Erfolg kommt, wenn die Angst so

groß wird, dass ich mich auflöse in der Angst. Es ist die Angst davor, etwas zu werden, das ich nicht kenne.

Die Raupe weiß nicht, dass sie ein Schmetterling sein wird. Sie glaubt, dass sie sterben wird, denn das erlebt sie gerade. Das Sterben. Es ist offensichtlich und ganz real. Die Angst flüstert es ihr ein: Du bist dabei zu sterben. Die Raupe kommt nicht auf die Idee, dass sie ein Schmetterling sein wird, denn vom Schmetterling ist keine Spur zu sehen.

So fühlt es sich an, mitten in der Transformation.

In der Transformation bleibt dir nichts als der Glauben. Der Glauben, dass du ein Schmetterling sein wirst, auch wenn es keinerlei Anzeichen gibt. Der Glauben, dass deine Bestimmung sich durchsetzen wird. In der Transformation fällt alles von dir ab, was nicht wirklich zu dir gehört. Was übrig bleibt, ist deine Bestimmung.

> *„Nur was einer wirklich ist, hat heilende Kraft.“*
>
> C. G. Jung

In der Transformation zeigt sich, wie sehr du dem noch Unsichtbaren Glauben schenken kannst.

In der Transformation wächst deine wahre Heldenkraft.

Ich kann das. Ich kann darauf vertrauen, dass ich etwas sein werde, das ich noch nicht kenne.

Christine

Für Christine kam die Transformation langsam. Sie war ein vorsichtiger Mensch. Sie liebte die Sicherheit, die ihr ihre Arbeit und ihr Umfeld gaben. Es begann schleichend. Sie spürte, dass ihre Arbeit sie nicht mehr so erfüllte wie zuvor. Sie spürte, wie sie jeden Tag ein wenig mehr Kraft verlor. Wie sie sich jeden Tag mehr motivieren musste, aufzustehen.

Es war beängstigend. Zu spüren, dass ihr das, was ihr finanzielle Sicherheit gab, immer mehr Kraft raubte.

Zu spüren, dass auch ihre Beziehungen an Kraft verloren. Wie sich das Band zu manchen Menschen fast unmerklich löste. Zum Geburtstag gratulierten ihr weniger Freunde als zuvor. Sie wurde nicht mehr so oft eingeladen, etwas zu unternehmen. Sie selbst hatte auch keine Lust mehr, bestimmte Freunde und Bekannte zu kontaktieren.

Christine war entschlossen, ihr gewohntes Leben aufrecht zu erhalten. Sie disziplinierte sich. Sie machte sich selbst Versprechungen. Sie arbeitete an sich selbst, besuchte Kurse und Seminare.

Dann starb ihr Hund. Unerwartet. Keine Anzeichen von Krankheit. Herzversagen.
„Das kann vorkommen", sagte der Tierarzt.
Der Schmerz überwältigte Christine. Von einem Augenblick zum anderen war ihre Willenskraft verschwunden. Sie ließ sich krank schreiben. Nach acht Wochen kündigte sie ihre Arbeitsstelle. Die meisten ihrer Freunde und Bekannten kamen aus dem Umfeld ihrer Arbeit. Sie verschwanden nach und nach aus ihrem Leben. Sie war ganz allein. Der ganze Prozess ging über Monate. Die Raupe hatte schon vor Monaten begonnen, sich aufzulösen. Jetzt war nichts mehr übrig.

Christina erinnerte sich, dass sie das schon einmal erlebt hatte. Als junge Frau hatte sie sich von ihrer Familie losgesagt. Ihr Vater war ein Alkoholiker gewesen und ihre Mutter hatte alle Frustration bei ihr abgeladen. Sie zog in eine andere Stadt, sie meldete sich nicht mehr, kam nicht zum Geburtstag und nicht zu den Weihnachtsfesten.

Sie fand eine Arbeit und einen Hund. Dieselbe Arbeit, die sie jetzt gekündigt hatte und denselben Hund, der vor neun Jahren als Welpe in ihr Leben gekommen war.

In einem sehr einsamen Moment wurde ihr bewusst, dass sie etwas gelernt hatte damals, als sie ein ganzes Leben verabschiedet hatte. Sie war stark genug, etwas Neues anzufangen. Sie hatte es schon einmal bewiesen. Sie wusste, wie es geht. Diesmal würde sie es noch besser machen als letztes Mal. Sie hatte etwas Geld gespart und beschloss, es in Persönlichkeitsentwicklung zu investieren. Sie machte sich auf die Suche nach dem, was am besten zu ihr passte. Sie fand mich und die Heldenreise.

Wie es für Christine weiterging, erzähle ich dir im nächsten Schritt der Heldenreise, dem Schatz.

Der Weg in den unaufhaltsamen Erfolg ist ein Glaubenstraining. Christine hatte Glaubenskraft gewonnen durch den Mut, eine unerträgliche Situation zu verlassen, auch wenn sie dafür einen großen Preis bezahlte.

Glaubenskraft ist etwas sehr Reales. Das lernst du in der Transformation. Du lernst es nicht nur, du erwirbst Glaubenskraft. Auch wenn es für den Verstand nicht so aussieht, ist Glauben etwas ganz Reales. Glauben ist wertvoller als Geld. Glauben ist wertvoller als die Beziehung zu anderen. Geld kannst du verlieren. Beziehungen können zerbrechen. Glaubenskraft, die einmal da ist, geht nicht verloren.

Ich kann das, weil ich glaube, dass ich das kann.

Menschen mit wenig oder keiner Glaubenskraft weichen der Transformation aus.

Sie glauben nicht, dass in der Angst der Mut wächst. Sie beten das goldene Standbild des König Nebukadnezar an. Sie tun es, weil es befohlen wird unter Androhung einer Todesstrafe.

Unaufhaltsam erfolgreiche Menschen beugen sich nicht vor dem leeren Gott des Königs Nebukadnezar, sondern steigen in den Feuerofen mit dem Glauben, dass ein Engel da sein wird, der sie unberührbar macht für das Feuer. Sie entsteigen dem Feuerofen, ohne dass ein Haar versengt wurde. Sie sind Pioniere, Innovatoren, sie heben die Menschheit auf ein neues geistiges Level. Ihre Geschichten werden immer wieder erzählt. Sie werden erzählt, weil sie starke Medizin sind. Weil sie erzählen, wie Erfolg funktioniert. Weil das Menschen inspiriert. Weil Menschen darin den Mut finden, es ihnen nachzumachen.

Der König, die Königin in uns stellt die golden glänzende aber wirkungslose Statue auf, weil sie nichts anderes kennt – und befiehlt den Menschen in unserem Königreich, sie anzubeten unter Todesstrafe. Warum tun wir das? Um Ordnung und Einheit herzustellen? Als König und Königin müssen wir praktische Lösungen finden. Da die meisten Königinnen und Könige um uns herum dies tun, glauben wir, dass es funktioniert. Bis jemand kommt und uns etwas Besseres zeigt. Bis jemand vor unseren Augen in den Feuerofen der Angst steigt und uns zeigt, dass er unversehrt wieder aussteigen kann. Jetzt stehen wir vor der Wahl, das alte Sichere zu behalten oder das neue Unbekannte zu wagen. Wir wissen, dass ein König oder eine Königin mit der Innovation gehen muss. Jetzt brauchen wir Glaubenskraft. Oder Menschen, die uns zeigen, wie wir sie finden.

Diese Gesetzmäßigkeit gilt überall auf der Welt in allen Lebensbereichen. Die Gläubigen sind erfolgreich, sie werden gesund, sie werden befördert, sie werden geliebt.

In der Transformation findest du eine Sicherheit, die du nirgendwo sonst findest.

Die üblichen Sicherheiten beruhen auf Fakten, Zahlen, Identitäten, Forschungen, Verträgen, Versicherungs-Policen. Die meisten Menschen wählen diese Art von Sicherheit.

Wenige wählen die Sicherheit des Glaubens. Wenn du einem wahrhaft Gläubigen begegnest, merkst du es sofort. Sein Haus ist auf Fels gebaut.
Vielleicht bist du selbst so jemand.
Oder bist dabei, es zu werden.

Ich kann das.
Du kannst das.
Jeder, der möchte, kann das.

Zum Abschluss von Schritt neun deiner Heldenreise ein ganz praktischer Tipp:

Wenn du losgehst und deinen größten Traum verwirklichst, wenn du es wirklich TUST, wird die Angst kommen. Die Transformation wird kommen.
Dann musst du nur noch still sein.
Auch wenn nichts mehr sicher ist, eines ist sicher:
Aus der Raupe wird ein Schmetterling.

Ich kann das: Wenn ich still bin, geschieht das Wunder.

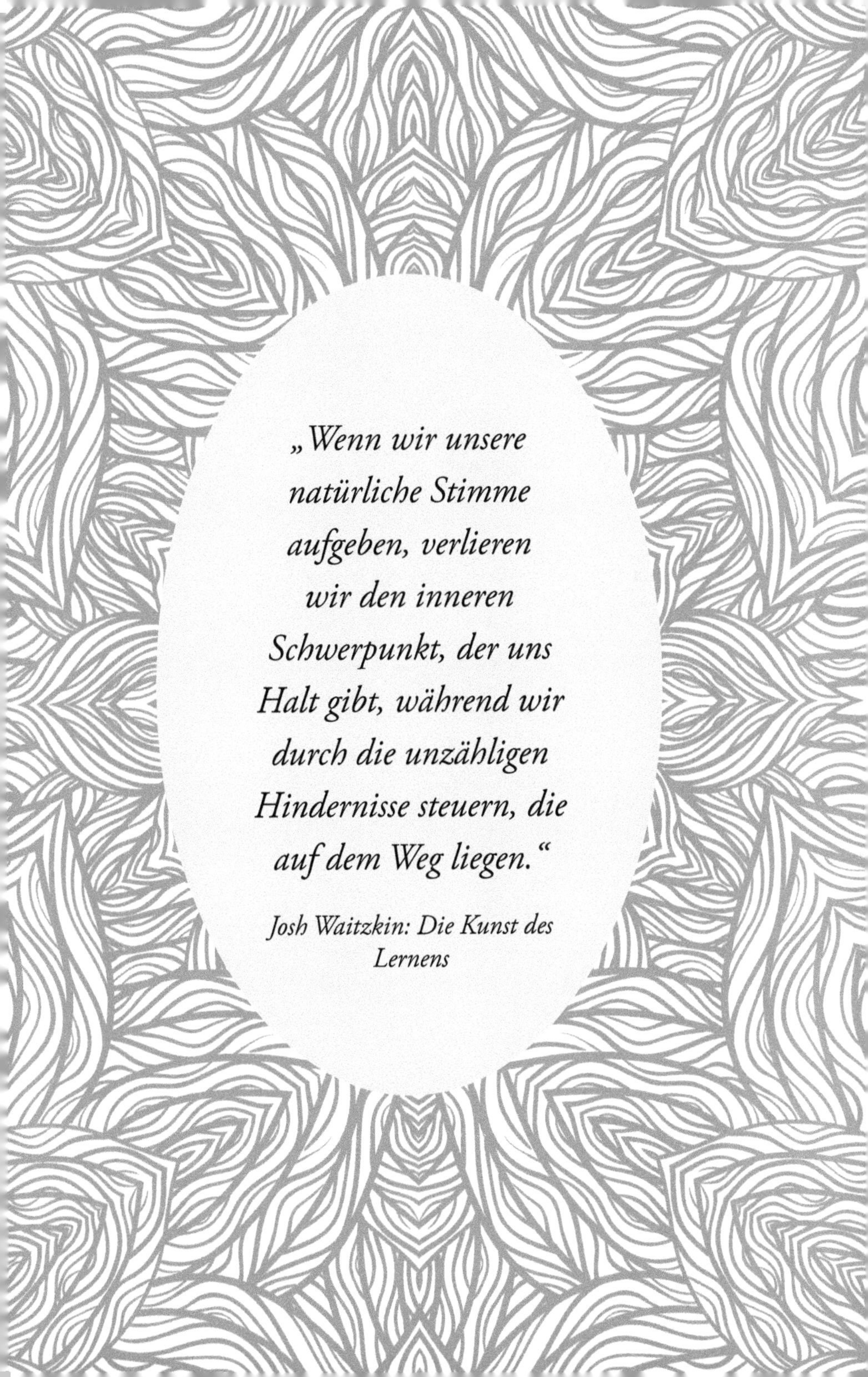

„Wenn wir unsere
natürliche Stimme
aufgeben, verlieren
wir den inneren
Schwerpunkt, der uns
Halt gibt, während wir
durch die unzähligen
Hindernisse steuern, die
auf dem Weg liegen.“

Josh Waitzkin: Die Kunst des
Lernens

Der 10. Schritt

Der Schatz

1 · MEIN TIEFSTES SEIN HAT DEN GRÖSSTEN ÖKONOMISCHEN WERT

Der Unterschied zwischen Persönlichkeitsentwicklung und einem Universitätsstudium ist, dass du in der Persönlichkeitsentwicklung lernst, du selbst zu sein. In einem Universitätsstudium oder jeder anderen Art von Ausbildung, in der du dasselbe lernst wie alle anderen, lernst du nicht, du selbst zu sein. Du lernst, allgemein anerkanntes Wissen an die erste Stelle zu setzen und dich selbst an die zweite Stelle.
Du lernst, dass dein persönliches Wissen und deine Meinung wenig Wert haben. Dass du erst dann etwas wert bist, wenn du dich mit einer definierten Kompetenz angefüllt hast. Mit Wissen, das überprüfbar ist. Mit Wissen, das ein Verfallsdatum hat.

Die innere Gewissheit, die du in der Persönlichkeitsentwicklung findest, hat kein Verfallsdatum. Sie ist ewig. Sie kann von niemandem hinterfragt werden. Denn sie gehört nur dir. Hat sie einen ökonomischen Wert?

Ich habe fast mein ganzes Leben lang geglaubt, dass mein einzigartiges Sein keinen ökonomischen Wert hat. Wie die meisten Menschen.

Mein Erfolg kam, nachdem ich diese Überzeugung verabschiedet habe. Nicht nur mein Erfolg, auch mein Glück, meine Gesundheit, Liebe und Geld basieren auf meinem Glauben an mich selbst.

Der Schatz ist mein Bewusstsein darüber, dass mein tiefstes Sein den größten ökonomischen Wert hat. Den größten Wert für meine Gesundheit, meine Liebe, mein Glück.

Ich kann mein tiefstes Sein in Erfolg verwandeln.

Es ist sehr schwer, das zu glauben. Aber wenn du es glaubst, bist du nachhaltig und unaufhaltsam erfolgreich.

In der Persönlichkeitsentwicklung geht es darum, zu erfahren, was für DICH wahr ist. Egal, ob es wissenschaftlich beweisbar ist oder nicht. Egal, ob es richtig ist oder falsch. Egal, was andere dazu meinen. Es geht darum, für die eigene Wahrheit einzustehen und anderen zu erlauben, ihre Wahrheit zu leben.

Das Ergebnis sind kreative, innovative Menschen, die Lösungen finden und als Team effektiv zusammenarbeiten.

Der Schatz bin ich selbst.

Wenn du dich selbst gefunden hast, kannst du dich nicht mehr verlieren. Das ist der große Gewinn in der Heldenreise.

Glauben ist Glauben an dich selbst. Glauben ist deine ganz persönliche, einzigartige Beziehung zu Gott oder dem Universum. Glauben an dich selbst ist eine Substanz, die bleibt. Glauben an dich selbst ist unsterblich. Durch Glauben an dich selbst wirst du Teil der Ewigkeit.

Das tiefe Glück des nachhaltigen, unaufhaltsamen Erfolgs ist, dass du spürst, wie du Teil des ewigen Seins wirst. Dein Wunsch nach Unsterblichkeit erfüllt sich. Deine Angst vor dem Tod löst sich auf.

Zwei gute Freundinnen von mir, Christiane Schmalenberg und Waltraud Schögler arbeiten im Hospiz von Jena. Christiane begleitet Sterbende in ihren letzten Tagen und Stunden. Waltraud, die Schamanin, betreut das wundervolle Team, das alles tut, um den Sterbenden den Abschied so erfüllend wie möglich zu gestalten.

Das Hospiz von Jena, gestaltet und angeleitet von Christiane Klimsch ist eine Oase der bedingungslosen Liebe. Die Menschen werden dort mit unbeschreiblicher Liebe und Kreativität durch den Übergang begleitet.

Ich besuchte das Hospiz und Waltraud machte mich aufmerksam auf die Atmosphäre. Die Luft war erfüllt von Glückseligkeit, von tiefem Frieden. „Fühlst du den Frieden?, sagte Waltraud zu mir. „Hier sind die Schleier sehr dünn. Hier kann man die unendliche Liebe spüren, in die wir zurückkehren. Es ist, wie wenn das Licht von dort in unsere Welt hier durch scheint." Ja, ich konnte diese Liebe spüren, die die Menschen erwartet. Die Sterbenden konnten sie spüren. Die Ewigkeit ist dort, im Hospiz in Jena, ganz real. Sie ist glückselig und zutiefst friedlich.

Den Schatz zu finden ist so herausfordernd, gerade weil er etwas Eigenes ist und weil er durch Transformation kommt, durch das Loslassen von allem, was ich bisher für richtig hielt. Er kommt zu uns in einem Zustand von Unschuld und Eigensinn. Übersetzt auf die Ansichten und Tabus unserer Kultur heißt das: Der Erfolg kommt durch Egoismus, Selbstsucht, Arroganz, Ignoranz, Abgrenzung, Sturheit, Uneinsichtigkeit, Rebellion, Dummheit, Fahrlässigkeit oder blinden Glauben.

Diese Stempel sind die Ängste, hinter denen sich unsere Wahrheiten verbergen. Sie sind so mächtig, dass sie die meisten Menschen in ihrem Gefängnis eingeschlossen halten.

Die Angst, nicht dazuzugehören, die Angst, nicht für loyal gehalten zu werden, die Angst, anders zu sein und ausgegrenzt zu werden, die Angst, nicht gut genug zu sein, hält uns davor zurück, den Schatz zu empfangen, der ganz allein für uns bereit steht.

Viele Menschen finden ihre Lebensaufgabe nicht, weil sie Angst haben, dadurch zum Außenseiter zu werden. Die Angst ist berechtigt. Erfolg lässt uns herausragen. Wir sind draußen. Wir haben das angstvolle kollektive Denken verlassen. Wir werden sichtbar durch unser Anderssein. Andersdenkende werden bewundert und verfolgt. Andersdenkende bringen Innovation, Heilung und Fortschritt. Sie werden angefeindet, gekreuzigt und eingesperrt. Sie werden bewundert, verehrt, gepriesen. Wir brauchen sie. Ohne sie gehen wir unter.

„Ohne prophetische Offenbarung verwildert das Volk"

Sprichwörter 29,18

Andersdenkende sind Vorbilder, die zeigen, dass das scheinbar Unmögliche möglich ist.
Das ist ihr ökonomischer Wert.

Den Schatz zu finden, bedeutet, dass ich mich entscheide, mein Anderssein als Gewinn zu sehen. Auch wenn es vorübergehend nach Kreuzigung aussieht.

Diese eine Entscheidung macht dich unaufhaltsam erfolgreich: Betrache dein Anderssein als Gewinn.

Der Schatz kommt, wenn du bereit bist, glücklich zu sein über das Besondere an dir.

Ich kann das: Ich kann besonders sein.

Ich falle nicht heraus. Ich rage heraus.

So ging es weiter mit Christine, deren Hund starb, deren Leben ihr zwischen den Fingern zerrann: Sie entdeckte, dass sie die Transformation unbewusst gesucht hatte. Sie entdeckte, dass das Leben nicht gegen sie war, sondern für

sie. Das Leben hatte genau das kreiert, was sie sich gewünscht hatte, sogar gegen ihren Willen und gegen ihre Angst, gegen ihren Schmerz, gegen ihre Einsamkeit. Das Leben hatte sie sanft und unaufhaltsam aus einem Arbeitsumfeld herausgenommen, das ihr keine Kraft mehr gab. Es hatte ihr den liebsten Gefährten genommen und sie in die Einsamkeit der Transformation geschickt. Das Leben lehrte sie, ihrer Herzenskraft zu vertrauen. Ein neuer Gefährte kam in ihr Leben.
Ihr Schatz ist Vertrauen in sich und in das Leben.

Die wenigsten Menschen trainieren aktiv ihren Glauben. Die, die es tun, sind unaufhaltsam erfolgreich. Du bist eine/einer von ihnen.

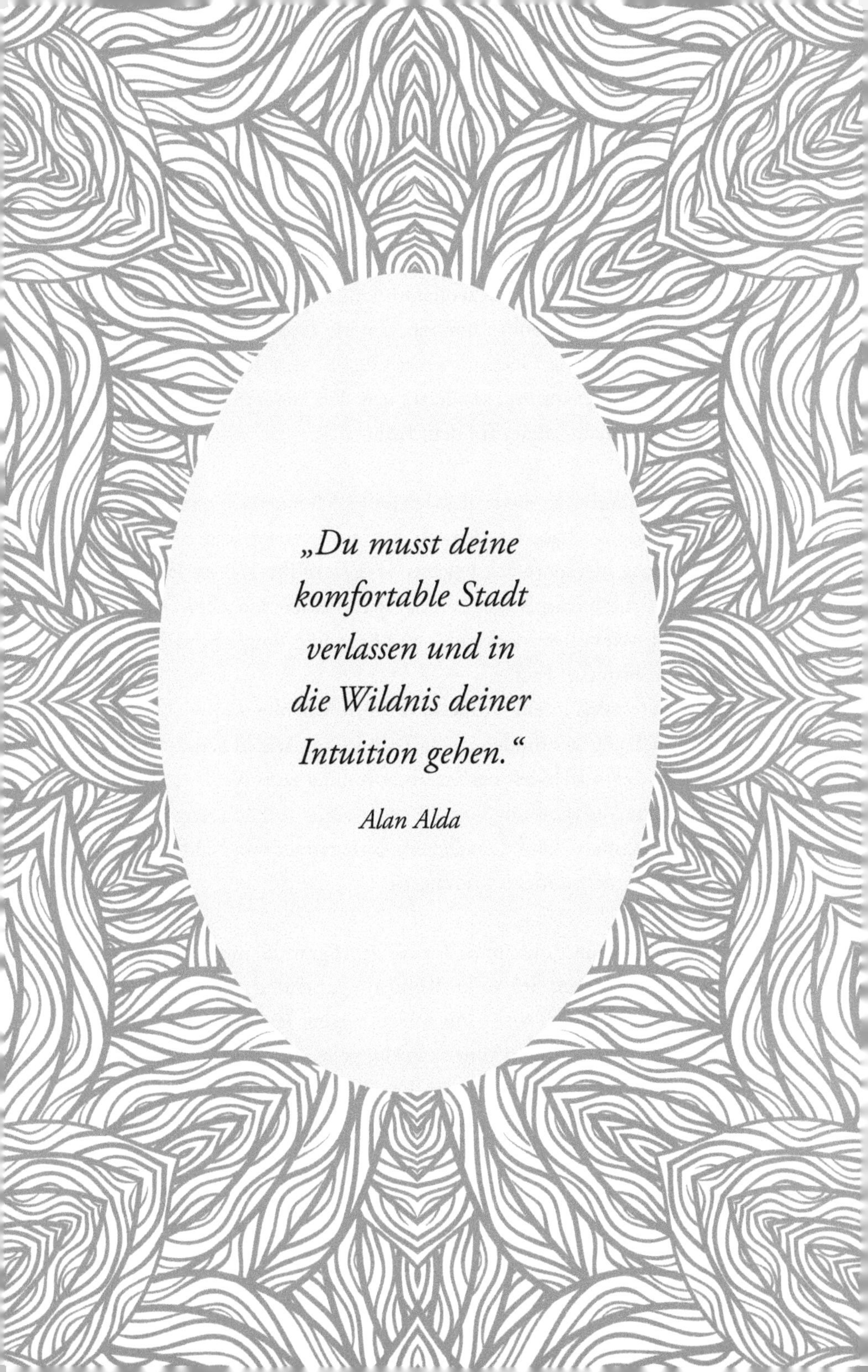
„Du musst deine
komfortable Stadt
verlassen und in
die Wildnis deiner
Intuition gehen.“

Alan Alda

2 · Der Schatz liegt im Niemandsland

2023 habe ich es probiert. Ich wollte einen Quantensprung erleben. Ich wollte verdoppeln. Ich wollte meinen Umsatz und meinen finanziellen Gewinn verdoppeln. Das Geld sollte mein Beweis sein. Ich wollte nicht nur den inneren Quantensprung, sondern auch den äußeren Quantensprung erleben. Überprüfbar. Zahlen auf dem Konto.

Was ist passiert? Weil ich wusste, dass ich äußerlich nur wachsen kann, wenn ich innerlich wachse, habe ich doppelt so viel wie zuvor in die Persönlichkeitsentwicklung investiert. Ich begann das „Train the Trainer Programm" von Jack Canfield. Ich arbeitete regelmäßig mit einem Coach, ich nahm an einem der weltweit besten Marketing- und Branding-Programme teil: „Patty Aubery – The Attractor Factor."
Ich verwandelte mich in eine Athletin der Persönlichkeitsentwicklung. Ich war bereit, mich neu zu erfinden. Mein Vorbild war Arnold Schwarzenegger, der es schaffte, vom weltweit besten Body Builder zum Nr. 1 Schauspieler zu werden. Eine Verwandlung vom Unterdrücken von Schmerz zum Ausdrücken von Schmerz. Und danach zum Gouverneur von Kalifornien, der sich um den Schmerz anderer kümmert.

Es dauerte nicht lang und mein Trainingsprogramm führte mich ohne Umwege in den Burnout. Ich verlor Kunden wie Sand, der durch die Finger rinnt. Sie konnten nichts mehr mit mir anfangen. Ich hatte mich zu sehr verändert. Statt dass sich mein Umsatz verdoppelte, floss das Geld wie Wasser von meinem Konto. Ich bekam Angst. Ich geriet unter Druck. Ich arbeitete mehr als je zuvor, um den Zusammenbruch aufzuhalten.

Außer den acht Stunden Business am Tag standen jetzt noch vier Stunden Persönlichkeitsentwicklung auf dem Plan. Die besten Stunden – morgens. Mich selbst erforschen, schreiben, Ideen entwickeln, Ideen rausbringen. Die Ideen waren gut, es gab nur niemand Geld dafür aus.

Was machte ich falsch?

Die Wende kam im Juli. Ich hatte eine neue Ausbildung entwickelt, in der die Teilnehmer von Tag 1 an live mit Klienten arbeiteten. Die Ergebnisse übertrafen meine Erwartungen. Die Heldenreise zeigte wieder einmal ihre Quantensprung-Power.

Das Geldproblem war aber noch nicht gelöst.

Dazu brauchte es noch etwas anderes. Eine Transformation. Die Raupe in mir musste zum Schmetterling werden.

Ich hatte im April begonnen, einen Kurs über Tierkommunikation zu überarbeiten. Es war ein kleines Projekt gewesen, das nebenher lief. Ich merkte jedoch, dass es mich faszinierte. Mit den Tieren sprechen. Das war etwas Einfaches und Natürliches für mich – und ich maß dem deshalb keinen großen Wert zu.

Während ich an dem Projekt arbeitete, hörte ich die Tiere sprechen und freute mich, wie immer, daran. Ich sah jedoch nicht die Brücke zu meinem Leben und meiner aktuellen Situation. Ich spürte nur, dass die Botschaften eine eigenartige Wirkung auf mein Leben hatten. Erst nach und nach sah ich, dass die Botschaften prophetisch waren, dass sie verschlüsselte Wegweiser waren, dass sie mich auf einen neuen Weg führten. Die Tiere warteten auf mich. Aber war ich bereit?

Ich bin eine Vorausgängerin, ein intuitiver Leader. Ich gehe mit Absicht ins Unbekannte – ins Niemandsland. Dort tauchte ein schwarzer Panther auf. Ich folgte ihm. Manchmal sah ich ihn, manchmal sah ich nur seine Spuren. Wenn er auftauchte, war es überraschend. Ich gewöhnte mich an die Überraschung.

Er war anmutig, seine Augen waren wach und weich. Er lehrte mich, dass Jagen etwas Geschmeidiges ist, nichts Hartes, nichts Gewalttätiges, sondern Liebe.

Das würde ich den Menschen nahe bringen. Erfolg ist Liebe.

Ich fand eine ganz neue Haltung gegenüber der Tierkommunikation.

Es ist für die meisten Menschen schwer vorstellbar, dass man mit Tieren sprechen kann. Die Tierkommunikation breitet sich jedoch immer mehr aus. Herkömmlich geht es in der Tierkommunikation darum, die Probleme der Tiere zu lösen.

Was ich jetzt entdeckte, war, dass Tierkommunikation weit darüber hinausging. Die Tiere machten mir unmissverständlich klar, dass es nicht um die Probleme der Tiere ging, sondern um die Probleme der Menschen.

Alles, was ich gelernt hatte über Erfolg, Marketing, Verkauf, Businessaufbau, Coaching und Schreiben bekam eine neue Dimension.

Die Tiere wurden meine Lehrer.

Ich hatte nie wirklich als Tierkommunikatorin gearbeitet, weil es mir widerstrebte, den Menschen Anweisungen zu geben, die von ihren Tieren kamen. Ich war überzeugt, dass es viel sinnvoller war, wenn die Menschen selbst mit den Tieren redeten. Denn es ging ja um die persönliche Beziehung zwischen einem Menschen und einem Tier. Aber war das nicht zu schwierig? Mussten sie dafür nicht zu viel können, um ihre Tiere zu verstehen?

Plötzlich bekam ich eine Anfrage, ob ich nicht in Tierkommunikation ausbilden könne. Da war ein Detail, das mich hellhörig machte: Die Person hatte ein Video über einen schwarzen Panther gesehen. Der schwarze Panther! Er war im Spiel. Mein Herz schlug laut und plötzlich schien alles möglich. Ich unterhielt mich mit dem schwarzen Panther über das Projekt.

Ich bot eine neue Ausbildung in Tierkommunikation an. Sie würde ein Jahr dauern, wir würden uns in einer kleinen Gruppe einmal in der Woche online treffen und die Teilnehmer würden von Anfang an mit den Tieren sprechen. Ich würde sie dahin führen. Ich machte es öffentlich.
Die Menschen, die kamen sagten, dass sie darauf gewartet hätten. Fast alle hatten das Video vom schwarzen Panther gesehen. Er wurde unser Spirit Guide.

Ab da öffneten sich auf allen Gebieten die Türen. Im September kehrte sich der Geldfluss um. Statt abzufließen, floss das Geld herein. Unaufhaltsam. Ende September begann ich ein neues Buch zu schreiben. Dieses Buch. Das Schreiben gab mir unerwartete Kraft. Es holte mich aus der Erschöpfung.

Zwei Monate später hatte ich so viel Selbstbewusstsein und Glauben gewonnen, dass ich meinen seit Jahren gehegten Traum wahr machte: Jamaika zu meiner Heimat zu machen.

Seit Jahren lebte ich aus dem Koffer. In Colorado, in Florida, in Deutschland, Frankreich, Spanien, der Schweiz, an vielen Orten, an denen ich Workshops abhielt. Es war abenteuerlich und ich genoss es, aber ich spürte, dass ich müde wurde. Immer neue Betten, immer neue Umgebungen, immer wieder neu packen, mich verabschieden und gehen.

Ich wollte ankommen in einem Zuhause. Nicht nur in mir, sondern an einem Ort.
Ich wusste lange nicht, wo dieser Ort sein konnte. Jetzt wusste ich es.

Der Wert der Persönlichkeitsentwicklung ist, dass sie die tiefen Fragen ausgräbt, die wie ein unterirdischer Strom unser Leben durchziehen. Die unser Leben steuern, ohne dass wir es merken. Wenn wir still sind, finden wir die Antworten, die im Lärm des Alltags untergehen. Dabei hilft uns die Heldenreise.

Ich wusste schon länger, dass Jamaika mein Zuhause war. Ich wusste nur nicht, wie ich dort ökonomisch überleben konnte. Oder wie ich eine dauerhafte Aufenthaltsgenehmigung bekommen konnte.

Plötzlich traf ich die richtigen Menschen, die mir halfen. Der deutsche Hotelbesitzer Mario vermittelte mir den Kontakt zu einem Anwalt, der mir bei der Aufenthaltsgenehmigung helfen konnte. Mein Steuerberater, meine Bank, die Facebook-Seite „staatenlos", meine amerikanischen Freunde und viele andere gaben mir Tipps. Jetzt, wo ich mich entschieden hatte, fand ich die Lösungen.

Heute, wo ich das schreibe, ist der 29. Dezember 2023. Ich bin abgemeldet aus Deutschland.

Der Quantensprung ist passiert.

Das Verdoppeln ist gelungen. Die innere Entwicklung hat sich in äußeren Erfolg übersetzt.

Ich bin über die Maßen dankbar und glücklich.

Ich kann es.

Was ich kann, kannst du auch. Und mehr.

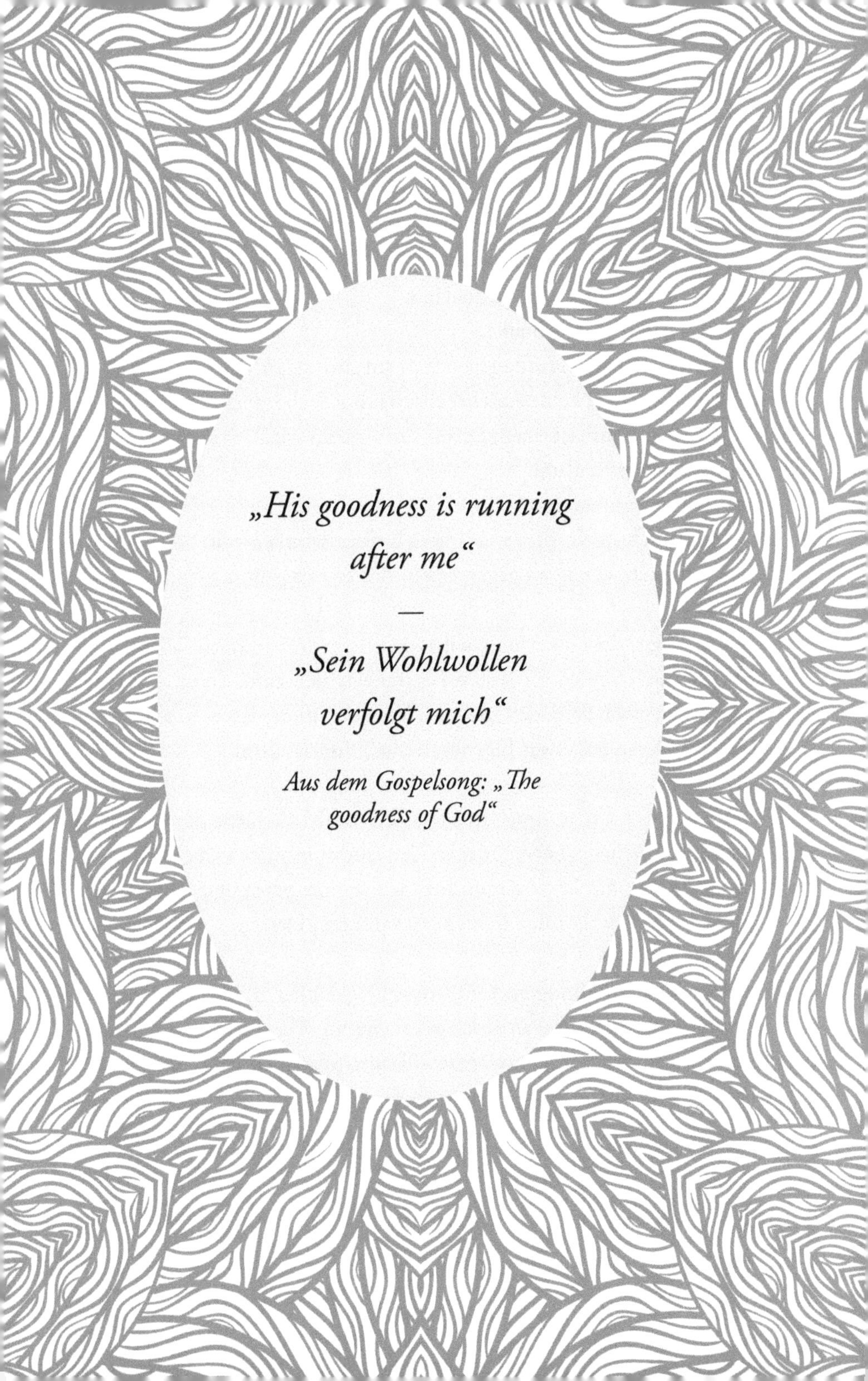

„His goodness is running after me“

—

„Sein Wohlwollen verfolgt mich“

Aus dem Gospelsong: „The goodness of God“

3 · Das Leben segnet dich

07. Januar 2024. Ich sitze im Flugzeug nach Montego Bay, Jamaika.

Ich bin auf dem Weg nach Hause.

Bisher war mein Zuhause Deutschland.

Jetzt ist mein Zuhause Jamaika.

Ich bin nicht auf dem Hinflug, sondern auf dem Rückflug.

Auch wenn ich noch keine Aufenthaltserlaubnis habe, auch wenn ich noch nicht weiß, wie sehr sich mein Leben verwandeln wird.

In mir ist eine große Ruhe.

Ich bin nicht mehr erschöpft.

Ich kämpfe nicht mehr für etwas, das ich nicht wirklich will.

Ich kämpfe nicht länger an gegen etwas, das zu mir gehört.

Ich hatte Angst, dass die Menschen in meinem Umfeld mich fallen lassen würden, wenn ich mich für Jamaika entscheide. Ich hatte Angst, es meiner Familie und meinen Freunden zu sagen. Ich hatte Angst, dass es so sein würde wie immer: Wenn ich etwas Eigenes mache, bin ich allein.

Diesmal war es nicht so. Im Gegenteil. Ich durfte die Liebe der wichtigen Menschen in meinem Leben erleben. Ich durfte in ihrer Liebe baden. Sie taten alles, um es mir leicht zu machen. Ich war umgeben und umarmt von Menschen, die sich für mich freuten. Aus tiefstem Herzen.

Zwei Tage vor dem Abflug passierte etwas Unglaubliches. Mitten im Frankfurter Bahnhofsviertel begegnete ich der Freundin, die vor sechs Jahren dafür gesorgt hatte, dass ich meinem Jamaika-Traum folgte. Mehr als einmal hatte sie mich am Ärmel gepackt und gesagt: „Du musst nach Jamaika." Sie hatte gefühlt, was ich brauchte, bevor ich es fühlte.

In den letzten zwei Jahren hatten wir uns aus den Augen verloren. Jetzt, zwei Tage bevor ich endgültig auf meine gesegnete Insel ging, wie mein Freund John sie nennt, läuft sie mir über den Weg, an einem Ort, an dem weder ich noch sie uns jemals sonst aufhalten. Wir umarmen uns. Ein heiliger Moment, der die Handschrift Gottes hat.

Der Schatz ist eine Befreiung, weil jetzt zu uns kommen kann, was wirklich zu uns gehört.
Es wird etwas sein, das wir nicht erwarten. Die Geschichte endet nicht, wie sie anfing.

Wenn du den Schatz findest, ändert sich das Eine: Das Leben arbeitet für dich. Das Leben überrascht dich. Das Leben segnet dich.

Anstatt der Stimme unserer Vernunft zu folgen, folgen wir der Stimme unserer Intuition, die von der Quelle kommt. Wir sehen, dass Gott überall ist. Dass er oder sie schon immer da waren – dass wir es nur nie gesehen haben.

Der Schatz ist, dass wir entdecken, was uns im tiefsten Inneren bewegt. Wenn wir diesen Schatz in den Händen halten, kann uns nichts mehr passieren. Gar nichts. Dann sind wir der Baum, der am Wasser steht und fruchtbar ist bis ans Ende seines Lebens. Dann sind wir unsterblich. Nicht, weil wir wissen, was nach dem physischen Tod passiert, sondern weil wir wissen, dass wir nichts wissen.
Und dass das Nicht-Wissen uns mit der Ewigkeit verbindet.
Dann sind wir beschützt von unsichtbaren Mächten. Dann folgt uns das Gute nicht nur, es verfolgt uns.

Die Tiere, egal, ob es Tiere aus Fleisch und Blut sind, lebend oder verstorben oder ob es Krafttiere sind, leben in diesem Bewusstsein. Sie sind nicht getrennt von Gott. Gott ist nicht außerhalb von ihnen. Sie leben im Paradies. Dorthin kehren wir zurück.

Das ist der Schatz des bedingungslosen Erfolgs.

„Die Wege Gottes sind
genial. Seine Methoden
sind zuverlässig.“

Florence Scovel Shinn

4 · „*WAKE UP AND LIVE*"

Was ist dein Schatz? Bist du eine Schatzsammlerin, ein Schatzsammler?

Schätze sammeln heißt, das Beste in dir selbst sammeln, dabei immer tiefer zu graben und immer größere Schätze zu sammeln.

Ich kann das: Schätze sammeln und immer größere Schätze sammeln.

Heike

Heike nahm an einer Heldenreise in die bedingungslose Liebe teil. Ihr größter Schmerz war, dass ihre Tochter sich von ihr abgewendet hatte. Sie hatte sie seit Jahren nicht gesehen und wusste nicht einmal, wo sie lebte.
Ich möchte Heike mit ihren eigenen Worten sprechen lassen:

„Ich weiß eigentlich nicht genau, wie ich zu Ulrike gekommen bin. Es muss ein Video bei Facebook gewesen sein. Bei dem ersten Zoom-Meeting war ich komplett überfordert. Ich hoffte, dass mich keiner anspricht, wollte möglichst im Hintergrund bleiben. Es war sehr schwer für mich, nicht immer gleich in Tränen auszubrechen und das ohnehin eigentlich grundlos. Das machte mir sehr viel Druck, da es mir unendlich peinlich war.
Aber Ulrike schafft einen Raum, in dem man sich in seinem Tempo dem öffnen kann, wozu man bereit ist. Mein Leben war voll mit schönen und traurigen Erlebnissen, die traurigen konnte ich irgendwie nicht überwinden und sie schienen immer mehr zu werden.
Ein Problem, dass mich hauptsächlich extrem beschäftigte, war, dass ich keinen Kontakt zu meiner Tochter hatte. Noch nicht mal ihren Aufent-

haltsort wusste ich. Das machte mich wahnsinnig. Ich schwankte zwischen Wut und Verzweiflung.

Durch Ulrike habe ich es geschafft, den wahren Grund für das alles zu finden: mein Innerstes, meine Einstellung, meine Ansichten und vor allem meine Selbstliebe. Sie war letztendlich der Schlüssel zu allem. Und das WIRKLICH völlig Unmögliche und Aussichtslose ist passiert: meine Tochter hat sich wieder gemeldet und wir haben uns inzwischen auch wieder gesehen. Ich kann sie wieder, wenn ich möchte, jederzeit anrufen und ich weiß, dass es ihr gut geht. Was für ein Geschenk! Ich bin Ulrike unendlich dankbar. Ich kann jedem, der bereit ist genauer hinzuschauen, den Schritt mit Ulrike und ihrem Team zu gehen nur empfehlen!!! Es werden Wunder geschehen, versprochen!"

Der Schatz kommt zu uns als Geschenk.
Das Leben hat viele Schätze für uns.
Was uns im Weg steht, sind wir selbst.

Wir Menschen lernen schon seit Jahrtausenden, dass der Geist mächtiger ist als die Materie. Und seit Jahrtausenden vergessen wir es immer wieder. Seit Jahrtausenden glauben wir, dass der Augenblick nahe ist, in dem wir alle aufwachen und unser Planet sich in einen Ort des Friedens und der Liebe verwandelt. Seit Jahrtausenden bleibt das Himmelreich auf Erden eine Vorstellung. Seit Jahrtausenden üben wir Geduld.

„Wake up and live", singt Bob Marley.

Heute morgen erlebe ich einen Heiligen Moment. Ich bin gestern Abend angekommen in Montego Bay. Ich bin in Jamaika. Mein Traum wird wahr.

Heute Morgen verstehe ich endgültig, was das für mich bedeutet.

Ich liebe Jamaika, weil es authentisch ist. Ich liebe das Authentische so sehr dass ich dafür alles andere loslasse.

Ich tue es für mich. Für mich allein. Ich habe schon öfters solche Quantensprünge gemacht. Bisher waren es oft Alleingänge, die mich einsam gemacht haben. Tief in mir hat sich diese Überzeugung festgesetzt: Wenn ich tue, was ich mir wünsche, bin ich allein.
Es war immer wieder sehr schmerzhaft, zu erleben, dass ich tue, was ich mir am meisten wünsche und erlebe, dass die Menschen, die ich liebe, sich zurückziehen und unerreichbar werden.
Eine Erwartung hatte sich festgesetzt, dass es immer so sein wird. Und diese Erwartung erfüllte sich selbst.

Diesmal ist es anders. Ich folge meinem Ruf und die Menschen in meinem Leben freuen sich für mich. Von Herzen.
Das ist eine neue und sehr tiefe, sehr heilsame Erfahrung für mich. Das spüre ich in diesem Heiligen Moment. Ich spüre, dass die Überzeugung, allein zu sein, wenn ich meinem Wunsch folge, ihre Macht über mich verliert.

Jetzt kann ich unaufhaltsam erfolgreich sein.

Mein Erfolg braucht dieses Fundament: Ich darf ich sein – und bin nicht allein. Das ist die Transformation auf meiner Heldenreise in den unaufhaltsamen Erfolg.
Dafür habe ich dieses Buch geschrieben. Damit du eins zu eins erleben kannst, dass deine größte Erfolgsangst, wie auch immer sie aussehen mag, nur eine Angst ist und keine unumstößliche Realität.

Ich bin umgeben von Menschen, die sich für mich freuen. Menschen, die keine Angst haben, dass ihnen etwas weggenommen wird, wenn ich meiner Freude folge. Menschen, die selbst ihre Träume leben. Ich kann andere lieben für das, was sie sind und ich habe keine Angst, sie zu verlieren, wenn sie ihre Träume leben.

Es ist nicht länger: Ich oder die anderen. Anpassen oder verloren sein.

Meinen Weg kann nur ich gehen. Jetzt gehe ich mit anderen, die ihren Weg gehen. Darin gehen wir gemeinsam.
Mir wird bewusst, wie tief meine Freundschaften dadurch geworden sind.

Das ist mein größter Schatz: Meine Freundschaften werden immer tiefer.

Ich kann das: unter Menschen sein, die sich freuen, wenn ich glücklich und erfolgreich bin.

Was ist dein größter Schatz? Was kannst du, was du am Anfang des Buches nicht konntest?

Ich schlage den Bogen zum Anfang des Buches. Es begann mit einem Heiligen Moment auf dem Gestüt La Perla mit dem Hengst Espartaco.
Der Heilige Moment war, dass ich in der Arena stand mit diesem anmutigen Pferd, anstatt am Rand zu stehen als Zuschauerin.

In diesen beiden Heiligen Momenten erfüllt sich meine Lebensgeschichte – und die Lebensgeschichten vieler Frauen. Und Männer.
Ich tue das, was ich liebe, und ich bin nicht allein.
Das gesellschaftlich scheinbar Unmögliche ist möglich.

Dürfen wir wir selbst sein? Können wir unsere scheinbar unmöglichen Träume verwirklichen? Und können wir dafür geliebt werden?

Ich kann das: Ich kann meine Träume verwirklichen und dabei tiefe Freundschaften finden.

Mein Glück war, dass in meiner Generation Mädchen erstmals in großen Mengen Abitur machten und studierten und Geld verdienten. Kompetent sein und dadurch Geld verdienen. Die historisch unterbewerteten weiblichen Fähigkeiten der Intuition, der Liebe, der Fürsorge, der Einfühlung, die Verbindung zur Natur in nennenswerte Summen Geld zu verwandeln, das ist eine historische Herausforderung unserer Zeit. Wenn diese Fähigkeiten mehr und mehr Teil des wirtschaftlichen Prozesses werden, haben wir eine Chance, Frieden zu finden.

Wir stecken mitten in diesem historischen Wandel, vielleicht dem größten seit mehr als 3000 Jahren. Weil die Stimmen von Frauen mehr und mehr gehört werden.
Unaufhaltsamer Erfolg kommt, wenn wir etwas beitragen zu einer kollektiven Bewegung, die Heilung, Befreiung, Würde und Wahrheit bringt.

Der Schatz ist nicht nur unser persönlicher Schatz. Er dient anderen und manchmal auch vielen anderen.

Wenn wir den tiefen Wunsch, anderen zu dienen, erkennen als unseren ureigenen göttlichen Wunsch, dann können wir nicht anders als erfolgreich sein.

Ich kann das: Ich kann meinen tiefen Wunsch, anderen zu dienen erkennen als meinen ureigenen Wunsch.

Das ist die Botschaft der Tiere. Das ist die Botschaft der Heiligen. Das ist die Botschaft der Erfolgreichen.

Ich kann anderen dienen und ich erfülle dadurch den göttlichen Willen.

Dann beschenkt mich das Leben mit unendlicher Fülle. Dann werde ich sichtbar, dann wird das Leben meine Wünsche erfüllen.

Wenn du diesen Schatz mitnimmst von deiner Heldenreise, dann wird dein Erfolg unaufhaltsam. Garantiert.

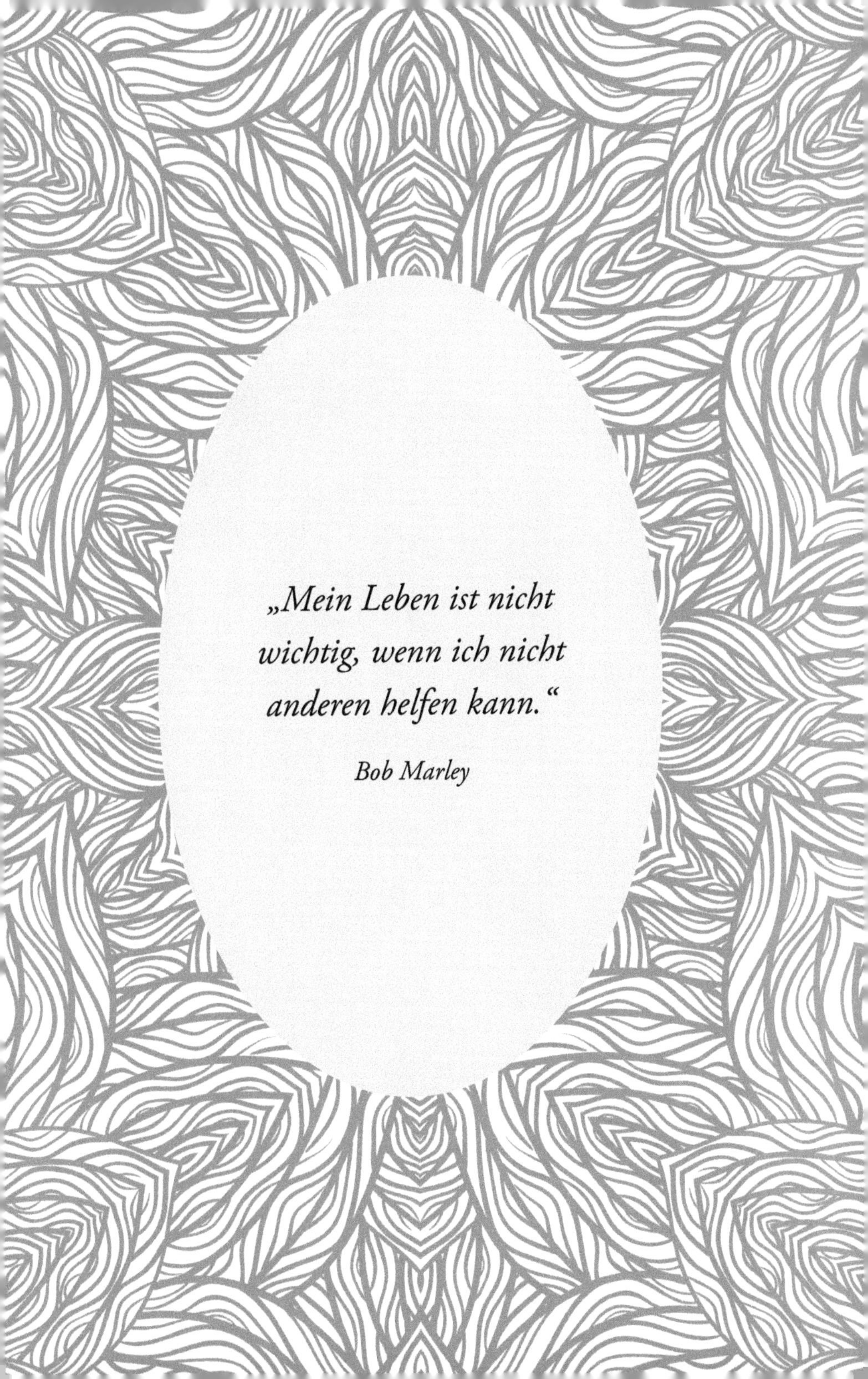

„Mein Leben ist nicht wichtig, wenn ich nicht anderen helfen kann.“

Bob Marley

Der 11. Schritt

Der weite Blick

DAS LEBEN IST BEREIT, ALLES FÜR DICH ZU TUN

In meiner Arbeit nehme ich die Menschen mit an den Ort, wo die Intuition ihre Wünsche preisgibt. Wo sie ihren Urwunsch finden. Wenn du den Urwunsch gefunden hast, wirst du still.

In den zehn Schritten der Heldenreise habe ich dich mitgenommen auf eine innere Reise, die sich in äußeren Ereignissen verwirklichen möchte. Wenn du die Schritte bewusst gegangen bist, nicht nur mit dem Verstand, sondern mit deinem ganzen Sein, wenn du nicht nur Wissen gesammelt hast, oder Entertainment gesucht, sondern Erfahrungen gemacht hast, dann hast du bemerkt, wie die innere Reise sich in eine äußere Reise verwandelt hat. Wie das Unsichtbare das Sichtbare hervorbringt.

Dann hast du bemerkt, dass der größte Erfolg nicht dadurch kommt, dass du angestrengt handelst, sondern dadurch, dass das Leben dir Geschenke macht.

Wenn du das erlebst, kommt Leichtigkeit in dein Leben.

Erfolg kommt, wenn du dem Leben Raum gibst, dir Geschenke zu machen.

Erfolg kommt, wenn du lernst, still zu sein und darauf vertraust, dass das Leben mehr für dich tun kann als du je tun kannst, allein auf dich gestellt.

Es gibt einen Punkt, wo diese Umkehr stattfindet. Wo dein Vertrauen ins Leben größer wird als dein Bedürfnis, die Ergebnisse zu kontrollieren. Du erkennst diese Umkehr an einer inneren Entspannung, an einem Gefühl von innerer Stille. Und daran, dass das Leben sich dir zuneigt.

Im elften Schritt der Heldenreise wirfst du einen Blick zurück auf deinen Weg. Ich überlasse es dir, den Weg zu erkennen. Es ist dein Weg. Du bist jetzt stark genug, ihn zu finden.

Lehne dich zurück und lass deine Reise im Rückblick vor deinem inneren Auge entstehen. Sie wird sich vor dir entfalten in ihrer ganzen Perfektion.

Nimm dir Zeit, um deinen zurück gelegten Weg anzuschauen. Je mehr du deinen Weg siehst, desto mehr wird alles, was sich zeigen wollte, zu einem Abschluss kommen.
Du machst nicht nur Erfahrungen, sondern du machst sie auch bewusst.
Du isst nicht nur, du verdaust auch.
Du wirst Dankbarkeit empfinden.
Die Blüte wird ganz aufgehen.
Die Heldenreise wird sich in ihrer Vollendung zeigen.

Eine neue Knospe wird aufgehen und sie wird schöner und leuchtender sein als jede andere zuvor.

Nachdem du eine Heldenreise erlebst hast, wirst du eine weitere erleben und noch eine. Du hast das Naturgesetz des Lebendigen kennen gelernt. Das Naturgesetz des Wachstums.

Du hast gelernt, wie beglückend es ist, dem Leben zu dienen, den Menschen, den Tieren, den Visionen. Du hast gelernt, wie beglückend es ist, zu erleben, wie das Leben dir dienen möchte, wie die Menschen, die Tiere, die Engel und Gott oder Göttin dir dienen wollen.

Das, wonach du dich sehnst, das sehnt sich auch nach dir.

Wir sehnen uns danach, andere glücklich zu machen – und die anderen sehnen sich danach, uns glücklich zu machen.

Wir leben in einem Universum der bedingungslosen Liebe und unsere einzige Aufgabe ist es, die Hindernisse aus dem Weg zu räumen, die uns davon trennen.

Dabei wünsche ich dir Segen und Erfüllung.
Deine Ulrike

Danksagung

Mein erster Dank geht an Gott, der mich jeden Morgen aufweckt und mir die Kraft verleiht, den Menschen und den Tieren in Liebe zu dienen.

Ich bin dankbar für jeden Atemzug, für jedes Wort, das ich geschenkt bekomme, um auszudrücken, was meine Seele bewegt und damit andere zu inspirieren.

Ich danke den Pferden und allen Tieren, die mich mit ihrer Kraft und Weisheit führen. Ganz besonders meiner Stute Tinnia, die mich gelehrt hat, auf die Tiere zu hören, und meinen Krafttieren, dem Adler, der Wölfin und der Löwin. Sie führen mich auf einem sicheren Weg, der meine Seele singen lässt.

Durch die Tiere kann ich ein Sprachrohr sein, um den Menschen die bedingungslose Liebe zurück zu bringen, die wir so sehr verloren haben.

Ich bin dankbar für meine Eltern, meine Familie, die mir ermöglicht haben, in einem behüteten Umfeld aufzuwachsen und zu lernen.

Ich danke aus tiefstem Herzen Martin Roser, der mir über 30 Jahre ein glückliches Leben ermöglicht hat, in dem ich forschen und schreiben und Weisheit erwerben konnte.

Ich danke meinen wunderbaren Kindern Lea und Joel, die mir ihre unerschütterliche Liebe schenken.

Ich danke der Gemeinschaft der Hero's Journey Instruktor:innen, all den einzigartigen Menschen, die mit mir die Vision in die Welt bringen, dass jedes Lebewesen seinen Platz finden darf und seinen Weg gehen darf und dabei Geborgenheit, Unterstützung und Liebe erfahren.

Ich danke allen Menschen, die sich mir als Coach anvertraut haben, deren Geschichten ich weitergeben darf, damit andere davon inspiriert sein können.

Ich danke meine lieben Freundinnen Waltraud Schögler und Jani Schmalenberg, die mir täglich Halt geben in meinem abenteuerlichen, globalen Leben.

Ich danke meinen Geschwistern Daniela und Christof Dietmann und ihren Familien für ihren Rückhalt.

Ganz besonders danke ich Rainer Rubenbauer, der mich seit vielen Jahren mit 100-prozentigem Einsatz, Herzblut und Kompetenz dabei unterstützt, Spirit Horse, das Unternehmen für Persönlichkeitsentwicklung mit Pferden und der Natur, aufzubauen und international weiter zu entwickeln.

Ich danke allen Seminarteilnehmer:innen für das Vertrauen in mich als Lehrerin und Coach und für das Vertrauen in sich selbst, einen einzigartigen visionären Weg zu gehen, der Liebe und Erfolg bringt.

Ich danke meinen jamaikanischen Freunden, ganz besonders Delroy, John und Joy Wray und Mitzie.

Ich danke meinem amerikanischen Erfolgs-Coach Alissa Bickar und meiner amerikanischen Community.

Ganz großer Dank geht an Gabi Schmid von der Büchermacherei, die seit vielen Jahren den Buchsatz für meine Bücher und die meines Verlags spiritbooks gestaltet, unschlagbar professionell und kreativ.

Ich danke Leonie Bühlmann, der Leiterin des Gestüts La Perla in Spanien für ihre große Vision, den Pferden ein natürliches Leben zu schenken.

Ich danke Elke Wedig der großen Pferdefrau für ihre langjährige Freundschaft und die vielen gemeinsamen Abenteuer.

Ich danke meinen wichtigsten Lehrern, Linda Kohanov, der Visionärin der Pferdeweisheit, Joseph Campbell, dem Vater der Heldenreise und Jack Canfield, dem großen internationalen Lehrer der Erfolgsprinzipien.

Mein unaussprechlicher Dank geht an die Insel Jamaika, auf der ich nach vielen Jahren des Unterwegsseins eine Heimat finden durfte. Ich danke den unglaublich liebenswerten und hilfreichen Menschen, und der wunderschönen Natur in diesem Paradies auf Erden.

Ocho Rios, 27. Februar 2025

Vielen Dank an meine Testleser:innen und ihr Feedback

„Liebe Ulrike, Dein Buch zu lesen hat mir große Freude bereitet. Obwohl ich schon viel in meine persönliche Weiterentwicklung investiert habe, wurde ich immer wieder von neuen Aspekten überrascht.

Ich.kann.das. Greift die Schritte der Heldenreise auf und ich konnte sie vertiefen, bis ich in der Essenz des jeweiligen Schrittes angekommen war.

Ich bin sicher, dass dieses Buch für jeden Leser – unabhängig vom Stand der persönlichen Entwicklung – passende Impulse für den Weg zum Erfolg bietet.“

Waltraud R. Schögler, Pferdemenschen, 07768 Orlamünde, <u>pferdemenschen. eu</u>, Heldenreise mit Pferden, Systemische Aufstellungen im Heilraum der Pferde, Schamanische Heilimpulse

„Ulrikes Sätze treffen mich bis ins Mark. Die Mischung aus ihren Weisheiten, Wissen, Zitaten, wissenschaftlichen Erkenntnissen und authentischen Beispielgeschichten lässt mich fast atemlos den Inhalt verschlingen. Ich lese viele Abschnitte mehrmals, um sie zu verdauen – und je nach meiner momentanen Verfassung bringen sie mich zum Strahlen oder rühren mich zu Tränen. Das Buch hinterläßt mich mit der vibrierenden Sehnsucht, mein Ich kann DAS, mein Ich BIN das zu finden, und der Erkenntnis, daß es keine Ausreden gibt.“

Ulrike Mitas, <u>Bewegungsstudio Mitas, taiji-im-alltag.de</u>

„Auf vielen Seiten erkennt man sich wieder und sieht den Silberstreifen am Horizont, spuckt in die Hände und freut sich, das Hindernis anzugehen und aus dem Weg zu räumen. Das Buch macht Mut auf Leben."

Georges Bossard, bossard-eglisau.ch

◇◇◇◇◇◇

„Wenn du den Urwunsch gefunden hast, wirst du still – da habe ich tiefe Stille gespürt. Danke.Am Ende, wo ich über das Ende sinnierte und bis kurz vorm Ende glaubte, ich finde für mich nicht das Eine - durfte ich es tief spüren. Auf einmal war es da und ich sah draußen einen Schmetterling."

Iris Burbidge, pferde-kreis.de

◇◇◇◇◇◇

„Inspirierend, einfühlsam, klar und achtsam, so, wie ich Ulrike kennenlernen durfte, so finde ich sie hier in diesem Buch wieder, eine authentische Reiseleiterin durch die Themen des Lebens."

Barbara Krüger

◇◇◇◇◇◇

„Ich weiß nun einmal mehr, dass ich bei meinem Schatz lande.
Was ich besonders geliebt habe ist, dass du Bibelstellen einbezogen hast.
Zu wissen, dass Gott unsere Heldenreise will.
Ja, dass er sie für uns erschaffen hat, und es LEBEN nannte.
Es ist eines der wenigen Bücher, die man nicht nur einmal liest."

Claudia Bolk, Instagram: claudia_naturwesenbewusstsein

„Es spricht Dinge aus, über die sonst nicht gesprochen wird. Unverfälscht, ehrlich, ungeschminkt. Ich habe mich durch das ganze Buch so gefühlt, als würdest du mich an die Hand nehmen und mich durchführen in meinem eigenen Prozess."

Andrea Glocker

„Immer wieder der praxisnahe Bezug zu den Tieren – ich liebe das. Du findest Worte für etwas, das ich genauso fühle, mir jedoch die passenden Worte dazu fehlen. Das Buch berührt mich – sonst hätte ich es nicht in einem Zug im Urlaub durchgelesen."

Christine Herzog, <u>shiatsu-pferdetherapie.ch</u>

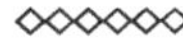

„Ulrike's Entscheidung nach Jamaika auszuwandern verleiht ihrem neuen Buch einen besonderen Charakter.
Es erlaubt Einblicke in ihr bewegtes Leben, und das vieler anderer Frauen.
Kann ich das?
Ja! Durch Anwendung der 11 Schritte der „Heldenreise" - in der Ulrike Meisterin ist - lehrt sie uns Lebens-Situationen neu einzuordnen und als Teil des authentischen Wachstums zu begreifen.
Es gilt dem
Prozess der Heldenreise zu vertrauen, wo alles fließt und sich wandelt durch unseren Mut und göttlichen Weisheit."

Mariana Boscaiolo, Schreibcoach der Pegasus Schreibschule, Modern Applied Psychologist, Autorin von „Salvatore - ein Mafioso, sucht das Glück."

Über die Autorin

Ulrike Dietmann, geboren 1961, wuchs auf im idyllischen Bad Mergentheim. Sie lebte 10 Jahre in Berlin, studierte an der Universität der Künste das Schreiben, veröffentlichte zahlreiche Theaterstücke, Romane und Sachbücher und erhielt Literaturpreise. Später lebte sie mit ihrer Familie und ihren zwei Kindern im süddeutschen Raum. 2009 gründete sie die Pegasus Schreibschule, und den Verlag spiritbooks.

2010 absolvierte sie eine Ausbildung in pferdegestützter Persönlichkeitsentwicklung bei Linda Kohanov.

Sie unterrichtet international in Coachings und einer Trainerausbildung die „Hero's Journey mit Pferden®", einen Bewusstseinsweg mit Pferden. In dem von ihr entwickelten Konzept hat sie über 100 Hero's-Journey-Instruktor:innen ausgebildet. Eine wachsende Gemeinschaft von visionären Menschen ist daraus entstanden, die gemeinsam seit zehn Jahren das „Horse & Spirit Festival" veranstaltet.

2023 wurde sie von Jack Canfield als Trainerin in den „Success Principles" ausgebildet.

Ihr global agierendes Unternehmen Spirit Horse erreicht Tausende von Menschen. Ihre Vision ist, dass Menschen von Pferden und anderen Tieren lernen, sich selbst zu leben und damit Frieden, Liebe und Erfolg für alle Lebewesen auf der Erde zu finden.

ulrikedietmann.de (deutsch) | ulrikedietmann.com (englisch)

youtube.com/c/ulrikedietmann

facebook.com/u.dietmann

instagram.com/ulrike_dietmann/

linkedin.com/in/ulrike-dietmann

Ulrike Dietmann
Heldenreise ins Herz des Autors

Finde heraus, was deine Autorenseele
im Innersten bewegt. Elf Schritte führen dich
auf einer Heldenreise zu deinem kreativen
Selbst, zur Quelle deiner Inspiration,
zu authentischen Gefühlen und deiner
persönlichen Ausdruckskraft.

www.spiritbooks.de

Ulrike Dietmann
LIEBEN UND FREI SEIN

Die Zukunft unserer Beziehungen wird eine Liebe
sein, die echt und frei ist von gesellschaftlichen
Zwängen. Wir werden lernen zu sehen und zu fühlen,
wer wir sind und wer der andere ist und wir werden
uns berühren können, ohne uns zu verletzen, zu kontrollieren und zu lähmen.

www.spiritbooks.de

Ulrike Dietmann
Das Medizinpferd –
Band I Einweihung

Valerie erlebt unter den Nachkommen von
Indianern eine spirituelle Einweihung in eine
unbekannte Wirklichkeit und lernt die
besonderen Fähigkeiten der Pferde kennen ...

www.spiritbooks.de

Ulrike Dietmann

Das Medizinpferd –
Band II Unbreak my Heart

Valerie verliebt sich in den Halbindianer Tom und muss sich mit ihrer tiefen Angst, verlassen zu werden, konfrontieren. Bei den Pferden findet Valerie unerwartete Kraft und einen Weg der Befreiung.

www.spiritbooks.de

Ulrike Dietmann

Epona – Die Pferdegöttin

Eine Geschichte, die uns zu den Wurzeln unserer Kultur führt, in die Zeit der ersten keltischen Siedlungen, als das Pferd heilig war und die Göttin noch unter den Menschen lebte.

www.spiritbooks.de

Ulrike Dietmann

Reise in die innere Wildnis

In der Natur ist alles einer steten Verwandlung unterworfen. In diesem Buch lernst du, dich mit der Intelligenz der Natur durch dein Leben zu bewegen. Wenn du die Aufgaben bestanden hast, wirst du eine andere, ein anderer sein.

www.spiritbooks.de

www.spiritbooks.de

Bücher, die authentisch sind und Spirit haben.

Die Bücher des Verlags erhalten Sie in allen Buchhandlungen und bei zahlreichen Online-Anbietern wie amazon.de. Sie können die Bücher auch beim Verlag direkt bestellen: **www.spiritbooks.de**

Wenn Sie direkt beim Verlag bestellen, unterstützen Sie den Verlag und die Autoren.

Die Vision des Verlags

Vertrauen in das Gespür von Leserinnen und Lesern

Bedingungslos authentische Bücher

Autorinnen und Autoren als Persönlichkeiten, die etwas Unverwechselbares zu erzählen haben.